Zu diesem Buch

Das Bewusstsein der Männer ist voll gestopft, ja *verstopft* mit dem Trugbild, dass die Welt zu ihren Gunsten funktioniert, für sie alle Entfaltungsmöglichkeiten bereithält, ihnen zu Füßen liegt wie ein Zaubergarten fürs permanente Lustwandeln entlang den Schalthebeln der Macht. Blödmänner – an dieser Stelle ist das Wort goldrichtig – glauben so was. Und wer's glaubt, wird *nicht* selig.

Böses über die Frauenbewegung? *Im Grunde nur ein Buch mit einigen bösen Anmerkungen zu einigen bösen Schnitzern, die sich die Frauenbewegung erlaubt. Immer noch. Immer weiter. Die Neue Frauenbewegung im Gefolge von 1968 hat nun gut drei Jahrzehnte auf dem Buckel. Ein stolzes Alter für eine Bewegung. Wenn sich in dieser Zeit einige gedankliche Fehlschlüsse zu handfesten Defiziten ausgewachsen haben, ist es an der Zeit, auf sie hinzuweisen, auf sie einzugehen.*

PAUL-HERMANN GRUNER, geboren 1959, Politikwissenschaftler M.A., lebt als Autor, Redakteur und bildender Künstler in Darmstadt. Lieblingsthemen seiner schriftlichen wie bildnerischen Arbeiten: Mentalität und Ideologie, die Themenkomplexe Sprache – Wahlkampf – Politik sowie Gewalt – Macht – Herrschaft und – das Verhältnis der Geschlechter. Lieblingswerkzeuge: Ironie, Sarkasmus, Satire. Prosa- und Sachbuchpublikationen. Interaktive Performances mit Alfred 23 Harth, Giora Feidman, Stephan Krawczyk u.v.a. Texte für Dieter Hildebrandt («Scheibenwischer»).

Frauen und Kinder zuerst

Denkblockade Feminismus

Eine Streitschrift

Rowohlt Taschenbuch Verlag

Lektorat Bernd Gottwald

Originalausgabe
Veröffentlicht im Rowohlt Taschenbuch
Verlag GmbH, Reinbek bei Hamburg,
Mai 2000
Copyright © 2000 by Rowohlt Taschenbuch
Verlag GmbH, Reinbek bei Hamburg
Umschlaggestaltung Cordula Schmidt
Satz Minion PostScript (PageOne)
Gesamtherstellung Clausen & Bosse, Leck
Printed in Germany
ISBN 3 499 60946 0

Frauen und Kinder zuerst

Lieblingsfeind(bild) Mann:
Wenn Feminismus zur Denkblockade
mutiert

Böses über die Frauenbewegung? Im Grunde nur ein Buch mit einigen bösen Anmerkungen zu einigen bösen Schnitzern, die sich die Frauenbewegung erlaubt. Immer noch. Immer weiter. Die Zeit für diese Anmerkungen ist keineswegs willkürlich gewählt. Die Neue Frauenbewegung im Gefolge von 1968 hat nun gut drei Jahrzehnte auf dem Buckel. Das ist ein stolzes Alter für eine Bewegung. Wenn sich in dieser Zeit einige gedankliche Fehlschlüsse zu handfesten Defiziten ausgewachsen haben, wird es an der Zeit, auf sie zu hinzuweisen, auf sie einzugehen.

Dem Zustand ihrer Quasi-Institutionalisierung liegt inne, dass die Frauenbewegung sowohl auf individuell geäußerte Zweifel wie empirisch nachweisbare, grundsätzliche Einwände mit einer ausgeklügelten und machtbewussten Form organisierter Missachtung antwortet. Die «Institution» Frauenbewegung hat längst Maßnahmen zum eigenen Bestandsschutz ergriffen. Wichtiger Teil des Schutzkonzeptes ist das ganz selbstverständlich gelebte Misstrauen gegen alle Andersdenkenden, jene fest installierte Ignoranz der Frauenbewegung. Sie sondert aus, was nicht zu ihren Denkschraffuren passt. Einsprüche gelten entweder als hoffnungslos veraltet oder als Ausgeburt einer böswilligen Lust an gesellschaftlichem Rückschritt. Oder es wird behauptet, es gäbe gar keine begründeten Einsprüche. Beobachtbar ist außerdem, dass aus der Frauenbewegung selbst die Defizite feministischer Theorie und Wirklichkeit nur unvollständig und nachlässig wahrgenommen werden. Am Rande dieses Randes, demnach kaum hörbar, kaum sichtbar, finden es sogar einige Frauen, übrigens immer mehr, an der Zeit, lieb gewordene Denkschemata zu durchbrechen. Dabei müssen sich dann allerdings diese Frauen sehr warm anziehen, sind schnell gezwungen, Nehmerqualitäten zu entwickeln. Sie müssen einstecken können. Parieren müssen sie nicht etwa Tiefschläge notorisch fehlgeleiteter, sich affig-patriarchal gerierender Männer, sondern Angiftungen aus dem Kampfkorps der Versklavten, sprich: der Frauen.

Die unzweifelhaft vorhandene Aggression der Bewegung trifft nicht nur die verzagt Zweifel anmeldende Vorort-Hausfrau, die sich – bockig in ihrer Niedertracht – den interpretatorischen Gewaltakten der Bewegung verschließt. Nein, es trifft auch Vorkämpferinnen des Feminismus wie z. B. die Niederländerin Anja Meulenbelt. Wer die Linie von Konfrontation und Schuldzuweisung verlässt und nachdenkliche Töne anschlägt, wer nicht eine rein bloßstellende Hinterfragung betreibt, der bekommt, Frau oder nicht, von der unversöhnlichen Mehrheitsfraktion der Bewegung Schläge. Die Dissidentinnen der reinen Lehre wissen ihr Lied davon zu singen. Sie singen es aber meist betont leise – vielleicht aus der Verwunderung heraus, so angegriffen zu werden, vielleicht aus Resten strikt weiblicher Solidarität heraus. Gegen die Männer hilft nur Einigkeit! Und ebendieses Gegen ist eines der Hauptprobleme in der Fortentwicklung des Geschlechterverhältnisses.

Die Debatte um Frauen und Männer, um Rollen- und Geschlechtsspezifika, um Macht und Gleichberechtigung, um Chancen- und Verantwortungsgleichheit steckt in vielerlei Hinsicht fest. Sie ist festgefahren in der intellektuellen wie emotionalen Sackgasse. Aber, wäre sehr ernst zu fragen, können die Frauen das nicht selbst – Mängel ihrer Dogmen erkennen, Einseitigkeiten korrigieren, den Blick weiten? Blöde Frage. Selbstverständlich können dies die Frauen alleine. Sie *könnten* es. Aber sie machen es nicht. Die allermeisten Protagonistinnen und Vordenkerinnen der Bewegung, aber auch Assoziierte und Sympathisantinnen vermeiden es geflissentlich, lieb gewordene Blickwinkel aufzugeben oder zu ergänzen.

Der Grund dafür ist einfach. Und ist es doch wieder nicht, denn: Einfachheit gehört zum Schwierigsten überhaupt. Leicht sind Aufgabe oder Ergänzung lieb gewordener Blickwinkel eben keineswegs. Denn das gesamte Geflecht der Wirkkräfte im Geschlechterverhältnis zu Beginn des 21. Jahrhunderts ist komplexer und komplizierter, als es die Frauenbewegung und ihr großer Sympathieanhang so gerne griffig auftischt. Weil es tatsächlich ideelle Anstrengung kostet und dann auch noch unappetitliche Ergebnisse zeitigt, zucken bewegte Frauen davor zurück, wenn es darum geht, betörend übersichtliche Frontstellungen zu überwinden. Meist wird dieses Zurückzucken mit ideologischem Bombast verbrämt oder es hebt das große Geschrei an mit Verbalmotiven wie «Da kommt wieder so 'n Mann und meint uns erklären zu müssen, was wir denken, tun und lassen sollen». Vielleicht haben das Zurückzucken, das Ideologisieren und das Schreien damit zu tun, dass schon eine kleine Variation der Weltbetrachtung gleich erhebliche Verluste zeitigen würde: Ich Opfer, du Tarzan – so ist es doch viel schöner. So soll es bleiben. Und so ist es auch viel bequemer.

Warum an genial schlicht anmutender Philosophie etwas ändern? Gerade, wenn man dadurch in Selbst- und Feindbild so gnadenlos gut wegkommt.

Recht haben, Recht haben wollen und rechthaberisch sein – diese steten Schritte in Richtung angewandter Ungerechtigkeit gehören zum Problemkontext der Frauenbewegung. Sie lassen weitere Analyseanstrengungen in eigener Sache als überflüssig erscheinen. Seit Jahrzehnten sucht die Frauenbewegung fleißig Beweise zusammen für ihre scheinbar unerschütterlich verankerte Grundüberzeugung, dass Frauen stets den Kürzeren ziehen. Selbstverständlich überall, schon immer und noch immer.

Zumindest seit 2500 Jahren. So lange – und ununterbrochen – so schlecht wegzukommen in der Menschheitsgeschichte, das definiert einen unerreicht hohen Leidensanspruch. «Woman is the nigger of the world», sang Yoko Ono 1972. Die Frau als «Neger des weißen Mannes»? Ein Vergleich, der einer unsäglichen mentalen Verrenkung gleichkommt, zumindest dann, wenn man Geschichte und Schicksal der Schwarzen in Nordamerika ernst nimmt. Denn diese Schwarzen haben nach ihrer Deportation in die nordamerikanische Sklaverei vergleichsweise «kurz» in der völligen Entrechtung verharrt. Weit aufgerundet: 100 Jahre. Anderes Beispiel: Die Praxis der totalen Diskriminierung aller Farbigen und Schwarzen im ehemaligen Apartheidstaat Südafrika dauerte keine 100 Jahre, bis sie zusammenbrach. Anderes Beispiel: Die Perversion eines wunderbaren Grundgedankens – des vom aufzuhebenden Unterschieds zwischen den Menschen aller Klassen und Rassen –, der Kommunismus, dauerte einschließlich der Regentschaft des Revolutionärs Lenin und der diversen Nachfolger des grausamen Kaukasiers Stalin knapp über 70 Jahre. Ein – den 2500 Jahren gegenüber – doch recht rasch gescheiterter, totalitärer Knechtungsversuch.

Selbst Despot Adolf Hitler vermochte mit innen- wie außenpolitisch militanter Oppression nur ein paar Jährchen einen Kontinent halbwegs in Fesseln zu halten. Darunter übrigens sogar *Männer*. Die Frauen aber – weltweit, allerorten – sollen, zumindest seit Aischylos, unentwegt Opfer sein. Kurz und schmerzvoll resümiert: Wer so lange vergeblich auf sein Recht pocht, wer so lange erfolglos auf Macht, Einfluss, auf Respekt pocht, der ist entweder unfähig, sich selbst im qualifizierten Kollektiv aus der Benachteiligung zu befreien – oder, viel nahe liegender, es gibt sie *so* gar nicht, diese Benachteiligung, und das Getöse von der Herrschaft des Mannes ist eine Behauptung mit äußerst begrenztem Wahrheitsgehalt.

Das «Patriarchat» ist überhaupt nur denkbar als Ergebnis einer mal lauten, manchmal aber auch sehr stillen Vereinbarung zwischen den Geschlechtern – sonst hielte sich ein solches Lebensmodell nicht länger als das organisierte Christentum. Eine Gewissheit ist diesbezüglich nicht billig wegzuwischen: Ein Regelwerk zwischen zwei Vertragsparteien, das ausschließlich auf Kosten einer Partei existiert, bricht binnen kurzer Frist entzwei (konsequent ist in dieser Schrift deshalb vom Patriarchat nur in Anführungszeichen zu lesen). Es muss sie also gegeben haben und geben, jene angenehmen Seiten der «Männerherrschaft», die prima vista verborgen bleiben oder in der gesellschaftlichen Debatte verschleiert und verschwiegen werden: Es sind die latenten Gewinne der Frau im «Patriarchat». Aus einer schlichten intellektuellen Unterlassung, der Nichtthematisierung dieser Gewinne, zieht die Frauenbewegung eine unglaubliche

Selbstsicherheit. Ignoranz kann, historisch illuster belegt, ungeheuer stark machen.

Die aus der Ignoranz abgeleitete, hegemoniale Welterklärung der Frauenbewegung seit den frühen siebziger Jahren hat viele Männer nicht nur – was überfällig war – vom Podest gehoben. Nein, was nicht verwunderlich ist, sie hat das Selbstbild von Männern rational wie emotional nachhaltig destabilisiert. Dies war gut, erwünscht, produktiv. Inzwischen nicht mehr. Manche Männer wirken heute fast putzig in ihrer unerlösten Verwirrung, manche nur doof in ihrer Selbstverleugnung. Manche gingen und gehen in die innere Emigration, manche verhielten sich wie Feministen, wurden wirklich welche, also institutionell wirkende Feministen männlichen Geschlechts, und hätten dieses ihr Geschlecht selbst – nebenbei – am liebsten abgeschafft. Aus Verzweiflung. Aus Schamgefühl. Männer als Problemware. Die Welt hat nur Ärger damit.

Ich selbst habe immer wieder beobachten können – in den achtziger Jahren noch amüsiert, später mehr und mehr unversöhnlich und ärgerlich –, wie man als Mann beste Karten bekam in selbstbewusst debattierendem Frauenkreise. Das Verfahren war vergleichsweise überschaubar. Methode: Vorurteile bestätigen, Anti-Männer-Klischees hochhalten und aktualisieren, sein eigenes Geschlecht mit Häme, Kritik und schnoddriger Abwertung vorführen – all das half, als Individuum, obschon männlich, akzeptiert zu werden. Zu ernten war damit nicht nur Zustimmung, sondern phasenweise sogar echter menschlicher Respekt für die scheinbar intelligente Großtat, sein Geschlecht zum Generalschadensverursacher zu erklären.

Versucht nun aber derselbe männliche Mensch mit einem Perspektivwechsel Verständnis für Nöte, Zweifel, Zwänge in einem stinknormalen Männerleben zu wecken, schauen die eben noch Nickenden und Zustimmenden wie verwandelt. Ein Schauspiel. Ergrimmt blicken sie, vor mühsam unterdrücktem Spott mit den Mundwinkeln zitternd. In diesem Blick spiegelt sich die gesamte Breite, besser: Untiefe des Nichtverstehenwollens und -könnens. Der Ton verändert sich. Worte wie «revanchistisches Gelaber» oder Sentenzen wie «wohl männerbewegt neuerdings, was?» gehören noch zu den zartesten Kommentaren, die sich allzu wagemutige Nicht-Frauen anzuhören haben. Außerdem kommt ad hoc Schutzwall Nummer zwei zum Vorschein. Motto: Wir Frauen sind das verstehende Geschlecht schlechthin und haben schon immer viel zu viel verstanden – zu unser aller Nachteil. Spätestens hier gerät die mutige Nicht-Frau inmitten der Frauenrunde in den akuten Argumentationsnotstand. Wie nun stichhaltig entkräften, dass Frauen schon immer mehr Verständnis aufgebracht haben? Wie? So was muss reiflich überlegt werden. So viel Zeit ist aber nicht. Denn schon wird hinter Schutzwall Nummer zwei der Wall Nummer drei hochgezogen. Seine beeindruckende Höhe und augenscheinliche Unüberwindlichkeit lassen die Nicht-Frau scheu stottern und erblassen: Männer haben Probleme? Tarzan hat Ärger? Selbst schuld! Ist doch eine Männerwelt, gemacht von Männern für Männer!

Da, wo die Frauenbewegung nicht mehr stichhaltig und nachprüfbar weiterweiß, hilft sie sich mit dem Hackebeilchen des finalen Zynismus. Das macht jeder eventuell noch vorhandenen Diskussionslust den Garaus. Rummmms! Es ist auch gar nichts mehr zu diskutieren. Die Frauenbewegung pflegt die Endgültigkeit ihrer Interpretationen. Schluss. Aus. An dieser Stelle fällt mir dann immer ein, wie entweder das allerorten dominante

«Herumgefasel» von Männern oder das – wie frau es eben braucht – «ewige Schweigen» der Männer zum beliebten Frauenfrühstücksrundenthema wird. Männer reden ja nix. Lassen kaum was hören. Vergraben ihre Gefühle. Nervtötend! Man kommt nicht an sie ran, die machen dicht, immer! Ich höre es sehr gut. Es dröhnt mir in den Ohren. Auch das. Und, keinesfalls perplex, damit trifft es die frauenbewegte Frau auf den Kopf. Denn die Männer, die sagen wirklich nichts. Sie lassen sich unglaublich viel gefallen. Und halten die Klappe. Weil sie ja die Macht haben, wie sie denken sollen. Und dann auch brav denken.

Aus dem Ärger über diesen Denkstandard resultiert diese Streitschrift. Männer, mit ihrem Selbstverständnis, ihrer Identität und ihrem Gefühl mit dem Gesicht gegen die Wand gedrückt, müssen sich umdrehen und endlich reden. Sie müssen sich stellen, allem, was da ist: der Häme, dem Unverständnis, der Rechthaberei. Jeder Mann ein Buhmann? Dem war lange zuzuhören und phasenweise gerne zuzuhören – weil es ja auch phasenweise voller stimmiger Einsichten war und ist. Aber unter dem Gesichtspunkt einer nutzbringenden Verwertung der langen Debatte muss der Imperativ der Gleichberechtigung eben die Wahrnehmung und Respektierung der Rechte, Pflichten und Verantwortlichkeiten *aller* bedeuten – nicht einseitige Bevorzugung, nicht einseitig definierte Veränderung, Weiterentwicklung, Kompensation. Die Klärung, wo Kritik anzusetzen hat an einer einseitigen Realitätsdeutung in Sachen «Patriarchat», ist eine Aufgabe reformorientierter Männer. Nicht schweigen, nicht die Schultern einziehen, die Vorwürfe regnen lassen und, frisch gedeckelt, weiter machen wie bisher, sondern: Reden, die eigenen Gefühle und Positionen klären.

Das ist mancher Frau unheimlich, für viele ärgerlich. Und es nervt, zugegeben, weil es all der schönen Selbstgerechtigkeit und Selbstverliebtheit der frauenbewegten Frau vielleicht das einzig konstante Gefühl im Leben nimmt: im Grunde, irgendwie, zu den moralisch Besseren zu gehören. Wenigstens das. Es nimmt all diese schönen Gefühle, es weicht sie auf, die unerschütterlichen Gewissheiten. Der Gesellschaftsprozess der zivilisatorischen Moderne ist auch deshalb massiv ins Stocken geraten, weil statt des neu zu vereinbarenden Miteinanders von Frauen und Männern nur Aufrechnungen von einer Seite geäußert werden. Und gehört werden. Und respektiert werden. Dieses Verfahren ist einer Verlängerung nicht würdig.

Das «Patriarchat» ist schlecht für die Männer. Für viele Menschen liest sich dieser Satz wie Nonsens, wie die aberwitzige Ankündigung, dass der Allmächtige nun doch geneigt sei, über eine Handy-Hotline Beschwerden zu seinem Schöpfungswerk entgegenzunehmen. Das «Patriarchat» ist schlecht für die Männer – ein Satz wie pures Wortgeklingel also, pures Scherzen. Aber im Gegensatz zu der Sache mit dem Allmächtigen lässt sich die Sache mit dem «Patriarchat» überraschend klar nachweisen. Bewusst zu machen ist es vor allem auch den Männern. Das Bewusstsein derer ist voll gestopft, ja *verstopft* mit dem Trugbild, dass die Welt zu ihren Gunsten funktioniert, für sie alle Entfaltungsmöglichkeiten bereithält, ihnen zu Füßen liegt wie ein Zaubergarten fürs permanente Lustwandeln entlang den Schalthebeln der Macht. *Blödmänner* – an dieser Stelle ist das Wort goldrichtig – glauben so was. Und wer's glaubt, wird *nicht* selig.

Wer es glaubt, denkt nicht, wer nicht denkt, beschwert sich nicht. Wem nur Vorteile eingeräumt werden, hält eben auch gefälligst den Rand. Das ist geradezu das Mindeste, was man von einem ständig Bevorteilten erwarten kann: dass er sich nicht auch noch beschwert über sein leichtes Los. So denken viele Frauen – und die allermeisten Männer. Es zementiert den Stand der Geschlechterdiskussion aufs nachteiligste. Insoweit steht der Denkblockade des Feminismus eine Denkblockade männlicher Selbstdefinition und Selbsterkenntnis passgenau gegenüber: *die* Barrikade für beidseitig emanzipatorisches Vorwärtskommen. Männer kommen im Patriarchat schlecht weg. Und die heimlichen Gewinne der Frauen in einem solchen Patriarchat sind ausreichend groß, dass auf ein Matriarchat getrost verzichtet werden kann.

Erbost? Gut. Polemik gilt es auszuhalten. Auch ich habe sie erduldet. Nicht zu knapp. Aber: Das Fortschreiten der Debatte interessiert hier, nicht eine Runde Schaulaufen mit Wundenlecken. Vonnöten ist die Entwicklung eines menschenfreundlichen Gemeinwesens, nicht eines frauenfreundlichen.

Deshalb eine Bitte: *erst* dieses Buch durchlesen, dann vernichten. Dann lange ärgern. Dann denken. Und das Gespräch suchen.

KAPITEL 1

Betrogen, angeschmiert, zu kurz
gekommen, benachteiligt, diskriminiert –
kurz: eine Frau. Mitleid!

«Die Kunst vom Ballast des Gegenständlichen zu befreien», das war eines der Hauptanliegen des Malers Kasimir
Malewitsch. Das weibliche Selbstbild von allen anderen Emp-
findungen als dem Opfer-Bewusstsein freizuhalten gehört zu
den inbrünstig verfolgten Anliegen der Frauenbewegung. Was
das eine mit dem anderen zu tun hat? Nun, der moderne Russe
Kasimir Sewerinowitsch Malewitsch schuf mit dem «Schwarzen Quadrat» eine Ikone der abstrakt-suprematistischen
Kunst. Das «Schwarze Quadrat auf weißem Grund» ist nichts
anderes als das qualifizierte Nichts auf höchstem Niveau – für
den Betrachter hält es nichts anderes parat als einen gähnend
schwarzen Abgrund. In ein solches schwarzes Loch ist man
auch geworfen, schaut man sich die Situation von Frauen an.
Dabei ist es sekundär, ob dieser Blick in die Historie schweift
oder auf die Gegenwart gerichtet ist. Bedingung für dieses Ma-
lewitsch-Erlebnis ist, dass die Situation der Frau von Frauen
geschildert wird oder von geschickt instrumentalisierten Männern, die die Sicht generell herrschenden weiblichen Elends teilen. Ähnlich wie bei Malewitsch bleibt auch der bewegten Frau
bei der Selbstbetrachtung einfach kein Raum für Grauwerte
oder ein – sagen wir es milde – partienweise helleres Schwarz.
Nein, zappenduster muss es sein.

Viele viele wissenschaftliche und parawissenschaftliche Werke erzeugen dieses Malewitsch-Schwarz, aber auch – eine flankierende Maßnahme auf volksnahem und daher noch erfolgreicherem Standard – die Tageszeitungs-Berichterstattung sowie die veröffentlichte Meinung in populären Printmedien der Wochen-, Illustrierten- und nicht zuletzt der Frauenpresse. Warum so viele Männer (darunter auch als «Fachmänner» anzusehende, also Experten) sich beim Farbbeutelwerfen (schwarz) aufs eigene Geschlecht immer noch beteiligen? Weil es Gewinn verspricht. Weniger bei Männern, vor allem durchschnittlichen – aber die sind sowieso nicht wichtig –, sondern bei Frauen, zuvorderst «modernen, aufgeschlossenen, intelligenten» Frauen. Die belohnen die kritischen bis vernichtenden Sentenzen der Kronzeugen aus dem Gegnerlager mit nett geschriebenen Vorworten oder amüsiert bestätigenden Nachworten. Seht her: Einer hat's begriffen! Da sind wir dann auch bei Grund zwei: Männer giften pauschalisierend und klischeeorientiert gegen Männer, weil sie selbst wahrhaft glauben, was seit 25 Jahren lauthals über sie geurteilt wird. Weil sie bei jener «Aufklärung» tatkräftig mithelfen möchten, bekennen sie sich schuldig. Das ist nicht tapfer, das ist berechnend. Da die darauf folgenden Streicheleinheiten von weiblicher Seite gut bekommen, ist die Chance für ein wirklich querbürstendes Durchdenken der Männer-Verurteilung nicht mehr zu erwarten. Wer sich die auf dieser Bauchpinselmasche beruhenden «journalistischen» oder «analytischen» Gastbeiträge von Männern in Frauenblättern wie «Petra» oder «Brigitte» anschaut, wird gedrängt zu der Frage: Sind diese Männer so beschränkt, wie sie sich benehmen – oder noch viel beschränkter?

Beispiele für die armselige Situation der stets benachteiligten Frau, Beispiele, Beispiele! Tja, aber wo soll man da anfangen? Bei der *Geburt*: «... der alte Nachteil, von Geburt an weniger erwünscht zu sein ...»[1] *Kleinkind*: «Mädchen werden in dieser Zeit weniger berührt, weniger gestreichelt und auf den Arm genommen als Jungen. Auch die Muskelaktivität des männlichen Neugeborenen wird stärker gefördert – schon in den ersten Lebenswochen wird damit der Grundstein für die spätere körperliche Unterlegenheit von Frauen gelegt.»[2] *Schule*: «Einstellung und selektive Wahrnehmung des Lehrers drücken sich darin aus, dass der Unterrichtsbeitrag von Jungen als wertvoller eingestuft und Jungen für förderungswürdiger erachtet werden. Bei männlichen Lehrern ist diese Tendenz noch stärker ausgeprägt als bei weiblichen Lehrern; auf Jungen achtet man einfach mehr»[3]. *Familie*: «Eine Familie zu gründen, ist für Frauen ein Karrierehindernis; für Männer ein Vorteil.»[4] *Öffentlicher Raum*: «Ich spüre, wie sich mein ganzer Körper verkrampft, manchmal schon in der Erwartung auf den verbalen Angriff. Man wird irgendwie total unsicher, denn wenn einen ein Mann anspricht, weiß man nie, ob er nach einer Adresse fragen will oder ob er etwas Ordinäres sagen wird.»[5] *Mobilität*: «Es waren vor allem Frauen, denen als Fußgängerinnen die Folgen der Automobilisierung, nämlich Lärm und Abgase, zugemutet wurden. Es waren vor allem Frauen, die mit der Kehrseite der Automobilisierung, nämlich einer tristen und unwirtlichen Umwelt, konfrontiert wurden.»[6] *Tagtägliche Reproduktion*: «Frauen sind diejenigen, die fast alleine die Last tragen. Diese Bürde spiegelt sich im täglichen Leben wider. Frauen haben immer etwas an sich hängen oder tragen etwas in den Händen.»[7] *Hausarbeit*: «Wie stellen sich Männer die Mithilfe bei der Hausarbeit vor? Sie heben die Füße hoch, damit frau leichter staubsaugen kann.» [8] *Politische Aktivität*: «Frauen sind die Opfer struktureller Benachteiligung ... Frauen haben andere Lebensumstände zu bewerkstelligen als Männer. Sie haben nicht die gleichen Freiräume, um sich politisch zu engagieren wie Männer.» [9] *Politik*: «Die Gesetze werden immer noch von Männern gemacht ... Sowohl in demokratischen Systemen als auch in Diktaturen leben Frauen nach wie vor nach den Regeln der Männer.» [10] *Ökonomie*: «Der Mann geht zur Arbeit, kommt zurück, dafür kriegt er Lohn. Den anderen Teil der Arbeit, der von der gesellschaftlich notwendigen Arbeit immerhin zwei Drittel ausmacht, überlässt er der Frau.» [11] *Arbeitsteilung*: «Die Berufstätigkeit der Frau beschränkt sich auch deshalb zunehmend auf ‹mütterliche› Funktionen, weil sie auf diese Weise ‹Mutter› des Mannes wird: Als Krankenschwester, Haushälterin, Sozialarbeiterin, Seelsorgerin oder Sozialministerin wird sie nicht nur davon abgehalten, leibliche Mutter zu werden, sie wird auch als Frau – im Frauenberuf – zur ‹Mutter›.» [12] *Wissenschaft*: «Auf den Gymnasien mehr Mädchen als Jungs! An den Universitäten über vierzig Prozent Studentinnen! Jeder dritte Doktortitel geht an eine Frau! Und dann, ja dann ist Schluss. Kunststück, so viel Frauenpower auszubremsen!» [11] *Karriere*: «Männer haben Seilschaften. Einer ist immer an der Spitze und die anderen hängen von ihm ab. Frauen knüpfen Netze. Mit dem Netzwerk kann man viele auffangen.» [13] *Religion*: «Die Verehrung der großen Gottesmutter ist ein Kult, mit dem die neue Mutterschaft des Mannes zelebriert wird.» [14] *Hexenverfolgung*: «Dabei geht es nicht nur um die Auslöschung der Frau, sondern des Sexualwesens überhaupt. Die Frau wird verfolgt, weil sie als die Verkörperung des Sexualwesens gilt: In ihr und durch ihre Zerstörung soll die Geschlechtlichkeit selbst untergehen.» [15] *Sprache*: «... noch der ungebildetste, ungescheiteste, sprachuntüchtigste Mann hatte bis in unsere Tage hinein eine bessere Chance, gehört zu werden, als eine noch so gelehrte Frau.»[16] *Sprachverwendung*: «Wir Frauen befinden uns immer in der Situation potentieller Vergewaltigung. Häufig genügt die Gewaltanwendung auf der verbalen Ebene. Schon hier können wir nicht mit Gegengewalt antworten.»[17] *Lexik*: «Die Folge der männlichen Allergie gegen das Femininum ist dessen nahezu vollständige Verdrängung aus der Sprache, mit anderen Worten: die sprachliche Vernichtung der Frau.»[18] *Körpersprache*: «Selbst mit übereinandergeschlagenen Beinen verstehen es Männer, sich breiter zu machen als Frauen, … das heißt der Mann macht sich breit und nimmt allgemein für sich wesentlich mehr Raum in Anspruch als die Frau.»[19] *Presse*: «… verzerrte Resonanzen im ‹Spiegel› und anderen Organen der Männerpresse …»[20] *Massentierhaltung*: «Männlichkeit ist Krieg, Umweltzerstörung, Profit, Massentierhaltung – kein Wunder, dass gesunde Rinder dabei ‹wahnsinnig› werden …!»[21] *Antisemitismus*: «Wenn Antisemitismus vorwiegend eine Über-Ich-Krankheit ist, so hat sie mehr mit der typischen Entwicklung des männlichen als mit der des weiblichen Über-Ichs zu tun. Ihre Über-Ich-Strukturen prädestinieren die Frau nicht zum Antisemitismus … Der Antisemitismus der Frauen entwickelt sich über die Anpassung an männliche Vorurteile …»[22] *Piktogramme*: «Piktogramme im Straßenraum zeigen die Frau ausschließlich mit einem kleinen Mädchen an der Hand. Es hat die früher übliche Darstellung ‹Mann mit Mädchen› ersetzt, um nicht als Empfehlung missverstanden zu werden (Gewaltaspekt). Es stört nicht diese Veränderung, sondern die Einseitigkeit der weiblichen Symbolik.»[23] *Städtisches Leben*: «Schaut man nach draußen, fällt auf: Viel mehr Jungen als Mädchen sind im öffentlichen Raum zu sehen. Woran liegt es, dass Mädchen öffentliche Plätze viel weniger nutzen? Schon ganz früh werden Mädchen darauf vorbereitet, was später ihr Hauptlebensraum sein wird: das Haus.»[24] *Armut*: «Die Armut ist weiblich.»[25] (Es fällt auf, dass der 8. März, der Weltfrauentag, als Feier- und Festtag begangen wird und nicht – wie im Grunde angemessen – als Volkstrauertag.) *Obdachlosigkeit*: «Wohnungslosigkeit von Frauen ist extremer Ausdruck ihrer Lebensrisiken … Das Leben auf der Straße ist extremster Ausdruck des gesellschaftlichen Elends, das eine Frau bewältigen muß.»[26]

«Gnadenlos weiblich» war der Titel einer internationalen Frauen-und-Lesben-Kulturwoche in Darmstadt im November 1995. Ein durchaus paradigmatisches Motto einer paradigmatischen Veranstaltung. Gnadenlos schließlich ist auch der weibliche Anspruch, als Geschlecht per se das Opfer zu sein. Wie die sehr diszipliniert angerissene Themen- und Stichwortschau verdeutlicht (Punkt 1 bis 26), ist der Anspruch auch gnadenlos ausnahmslos. Grund: Das Opfer-Paradigma macht Frauen keineswegs schwach, sondern stark. «Die Stärke der Frauen ist ihre scheinbare Schwäche, die Schwäche des Mannes ist seine scheinbare Stärke» lautet hierzu die oft zitierte, aber offensichtlich nur selten verstandene Erkenntnis. In bestechender Weise, nicht zuletzt außerordentlich ausdauernd, hat es die Frauenbewegung geschafft, die dem Opfer-Paradigma innewohnenden, lähmenden und defätistischen Rückwirkungseffekte auszusieben und sie in selbst bestätigende Offensivkraft zu verwandeln. Das ist zunächst einmal eine ganz enorme Leistung. Hut ab. Denn unumstritten ist schließlich, dass, wer in Sprache und Körpersprache «Opferqualitäten» anzeigt, über kurz oder länger tatsächlich zum Opfer wird. Der ohnehin chronisch pessimistische Thomas Hobbes – ein *Mann*, ich weiß, aber daran ist nichts zu rütteln – thematisierte bereits im 17. Jahrhundert die «Self-fulfilling-prophecy».

Das offensive Opfer-Paradigma der Frauenbewegung macht nun aber gar nicht passiv, schwach, ängstlich, kriecherisch oder fatalistisch. Ganz im Gegenteil. Es munitioniert Aggressivität und Wehrhaftigkeit der bewegten Frau. Das pauschal auf das Schlüsselwort «Benachteiligung» fokussierte Selbstbild wirkt geradezu als Wehrertüchtigung. Das gewendete Opfer-Paradigma macht tätertauglich. Ein in der Öffentlichkeit breit akzeptiertes «Opfer» hat nämlich bald einen höchst funktionstüchtigen, dazu glaubwürdig erscheinenden Hebel zur Hand. Das ist ein Schalthebel, und zwar ein Schalthebel der Macht. Dieser ist heute unverzichtbar, will man andere so effektiv wie möglich beeinflussen oder tyrannisieren, ohne sich für eine Maßnahme rechtfertigen zu müssen. Opfer greifen nicht an, sie *wehren* sich, meist sogar «verzweifelt», und müssen sich zu den Gründen und Formen ihres Verhaltens keine störenden Fragen gefallen lassen.

Wer als Opfer anerkannt, also etabliert sein will, braucht vor allem dies: Ausdauer in der repetitiven Argumentation. Potenz und Prägnanz der gebetsmühlengleich vorgebrachten Interpretationen sowie der sie stützenden «Beweise» sind nicht zu unterschätzen. Mittelfristig ist die Gebetsmühle latent erfolgreich, langfristig manifest erfolgreich, soll heißen: Sie hat dann geradezu Gesetzeskraft. An dieser Stelle des Erfolgs befindet sich die Frauenbewegung der Moderne gerade. Die suggestive Kraft des Behaupteten ist zum Selbstläufer geworden: der Opfer-Mythos funktioniert. Der pauschal akzeptierte Denkknoten Frau = gewaltsam zu kurz gekommen, also Opfer, gehört dabei jedoch zur Speerspitze organisierter Befindlichkeit am Ende des 20. Jahrhunderts.

Leiden ist Macht. Deshalb wollen alle leiden, deshalb wollen alle schon immer gelitten haben. Ausländer, Rentner, Kinder, Raucher, Nichtraucher, Allergiker, Vegetarier, Radfahrer, Autofahrer, Dicke, Homosexuelle, Skins, Skate-Boarder und was weiß ich. Leiden wird ernst genommen inmitten der Krankenkassen-Mentalität einer Mediengesellschaft, die mit Nachrichten aus dem Jammertal ihre Auflagen und Einschaltquoten hinbekommt. Bemerkenswert ist nur, dass alle gerade zitierten Gruppen mehr oder minder große *Minder*heiten darstellen. Insofern stimmt es in einem Punkte nicht, was der Soziologe und Medienwissenschaftler Dieter Prokop so formuliert: «Früher war es üblich, dass Mehrheiten Minderheiten überwältigten. Heute ist es umgekehrt. Die erfolgreichste Strategie im multikulturellen Machtkampf ist es, sich als Opfer darzustellen – als Opfer der Verhältnisse, als Opfer der herrschenden Mehrheit.»[27] Das trifft zwar wunderbar zu auf die Unkultur der vielen Opfer-Mythen etwa in den Vereinigten Staaten von Amerika, dem Lande der Entgleisung alles Therapeutischen und einer «Political Correctness», die Persilschein ist für Bevormundung und Disziplinierung nach Gutdünken. Für die Frau, mit Verlaub, trifft es nicht zu: Sie argumentiert nicht aus einer Minderheiten-, sondern einer Mehrheitsposition heraus. Und ihre Befreiungskämpferinnen perpetuierten ihre Versionen der Wirklichkeitsdarstellung so lange, bis das Publikum, endgültig besoffen, die Gleichung kapierte, dass jenseits der Faktenlage Frauen immer arme, kleine, verkaufte Würstchen sind, ja sein müssen.

Die Manipulationskraft der Gleichung ist nicht nur in den Köpfen, sondern gerade auf dem Medien- und Wissenschaftsmarkt tagtäglich zu überprüfen. Beispiel, fast wahllos herausgegriffen: Nach der bisher größten Katastrophe der zivilen Kernkraftnutzung – der Reaktorschmelze in Tschernobyl 1986 – waren Dutzende Menschen vor Ort bereit, mit oft untauglichen Mitteln und mangelhaftem persönlichen Strahlenschutz den Brand zu löschen und den Unglücksreaktor mit Beton zu versiegeln. Die damals die Drecksarbeit zum Nutzen aller verrichtenden «Freiwilligen» haben – bis auf wenige Ausnahmen – binnen kurzer Frist mit einem von Krebsgeschwülsten zerfressenen Körper oder pathologisch veränderten Blutwerten ihr Leben gelassen. Diese Menschen waren samt und sonders Männer. Unter dem Druck der Ereignisse wurden sie nicht lange gefragt, ob sie geneigt wären, eventuell zu helfen. Sie halfen und starben. Übrigens ohne viel Aufhebens darum zu machen und ohne große Mitleidsbezeugung der Gesellschaft(en) drum herum. Es waren Männer. Dafür sind die da. Als Opfer haben sie schlicht das falsche Geschlecht. Man stelle sich vor, es hätte sich um mutige, tapfere Frauen gehandelt! Immerhin: Frauen waren das Thema von einfühlsamen Reportagen und Dokumentationen. Die Witwen und Kinder der quasi suizidal handelnden Helfer der ersten Stunden und Tage konnten sich der Zuneigung westlicher Medien sicher sein – handelte es sich doch um «Opfer» im besten Sinne, nämlich Frauen und Kinder.

Anderes Beispiel: 464 Menschen wurden in einer einzigen Woche im Jahre 1989 in den USA erschossen, erstochen, erwürgt. Keine besondere Woche. Vierundachtzig Prozent der Opfer waren – Männer. Die Redaktion des reputierten amerikanischen Nachrichtenmagazins «Time» nahm sich der Mordkonjunktur mit einem breit angelegten Hintergrundbericht an. Raten Sie mal, wer auf dem Titelbild als Mordopfer zu sehen war: eine Frau.

KAPITEL 2

Moralische Siegerinnen:
Wir sind die besseren Menschen.
Aber wir übernehmen keine Verantwortung.

Cato Marcus Porcius der Ältere, römischer Politiker und Schriftsteller, auch: *Mann*, lebte von 234 bis 149 vor Christus. Warum hat er in diesem Buch eine kleine Rolle? Weil eines seiner Worte ihn als ernst zu nehmenden Menschen darstellt in den Augen der Frauenbewegung. «Sobald die Frauen uns gleichgestellt sind, sind sie uns überlegen», soll er gesagt haben. Wer solches sagt, kommt in den Genuss der Kronzeugenregelung der Frauenbewegung und darf – obschon Nicht-Frau – zitiert werden. Cato ist mit diesem Satz unersetzlich wichtig, weil er ein tief sitzendes Selbstbild weiblicher Selbsterhebung elegant bestätigt: Die Frau ist der bessere Mensch. Eigentlich.

Karin Junker, Vorsitzende der Arbeitsgemeinschaft sozialdemokratischer Frauen (AsF), erklärte in einem Interview 1996 Folgendes: «Es lässt sich objektiv nachweisen, dass Frauen die höhere Bildungs- und die höhere soziale Kompetenz haben. Offensichtlich haben Männer seit Jahrtausenden eine Urangst vor tüchtigen Frauen und setzen deshalb alles daran, sie in Schach zu halten.» Aha. Offensichtlich postulieren Frauen nicht nur die höhere Bildungs- und soziale Kompetenz, nein, sie streben auch die höhere Behauptungskompetenz an. Im Grunde aber haben sie die schon längst, denn seit langer Zeit, seit Cato gar oder länger, hat sich das ideologische Substrat vom «besseren Menschen», der dafür aber machtlos, geknechtet und unterdrückt leben muss, erhalten. Cato lebt. «Frauen sind besser» heißt es ganz schlicht und überzeugt auf dem Titelblatt des «Vorwärts»[28], immerhin ein Blatt, für das auch Männer tätig sind, damit nicht unbedingt der feministischen Kampfpresse zugehörig. Man stelle sich einen Moment vor, die Titelzeile – ebenso schlicht behauptend – hätte gelautet: «Männer sind besser». Man stelle sich eine solche handfest sexistische Provokation ruhig auch mal länger vor als einen Moment. Sprechen Sie es aus, laut. Schließlich muss so was verkraftet werden. «Männer sind besser» auf dem Titelblatt des «Vorwärts»: Alice Schwarzer hätte einen nationalen Medienrummel der besten Sorte organisiert. Mit allen prominenten Protagonistinnen an ihrer Seite. Und bei so viel Frechheit, Überheblichkeit und Großkotzigkeit des «Vorwärts» hätte man dieser Schwarzer-Initiative, ganz ehrlich, zustimmen müssen. Weil es sich nun mal um Sexismus handelt. In Reinkultur. Aber Sexismus ist für die Frauenbewegung ein Wort mit einseitigem Denotat: Er (sinnigerweise: Er!) kann sich nur gegen die Frauen richten. Und so, wie die Zeiten und die verinnerlichten Überzeugungen nun mal sind, führte der tatsächliche «Vorwärts»-Titel nicht mal einen Wasserglassturm herbei. Die tumben Mannsbilder haben's nicht mitbekommen. Und die intelligenteren unter ihnen zucken die Achseln oder gehen in volle Deckung. Im Grunde wurde mit «Frauen sind besser» ja auch nur herrschende Auffassung bestätigt.

Frauen sind besser. Gibt es für diese sexistische Auffassung irgendeinen Grund, der der Prüfung standhält? Gehört etwa die Fähigkeit, gebären zu können, zu den unbestechlichen Beweisen eigener Gut- oder Besserartigkeit? Ist die Hinwendung zum Bereich Hegen & Pflegen – so ambivalent dies thematisiert wird – Ausweis moralischer Überlegenheit? Sind Opfer, auch eingebildete, eo ipso höherwertig? Geben Klügere nach, weil sie auch besser sind?

Gewiss scheint, dass das tief verborgene, klammheimlich zur Denk-Richtschnur gewordene moralische Überlegenheitsgefühl darauf basiert, dass sich Frauen seit Cato oder schon ein bisschen länger nicht mehr die Hände schmutzig machen – wie sie meinen, wie sie behaupten, wie sie glauben machen. Scherenschnitt: Krieg, Macht, Herrschaft = männlich, Aufräumen und Saubermachen, Heilen und Wiederherstellen = weiblich. Solche Gleichungen gefallen der Menschheit, übrigens auch der männlichen, der dämlichen. Das Verzwickte ist dabei, dass sie ja ein bisschen stimmen. Denn Frauen machen sich doch mit offenen Auseinandersetzungen, notwendigen Positionsanzeigen bei entscheidungsreifen Konflikten, also mit den leider auch zum Leben gehörenden hässlichen Szenen jenseits des Privaten ihre Finger tatsächlich nicht schmutzig. All dies würde nämlich bedeuten, Verantwortung über sowohl das individuelle als auch das familiäre Niveau hinaus zu übernehmen. Engagierte Einmischung auf dieser Ebene ist jedoch leider mit der Konsequenz eventuellen Böseseins verbunden und das – igitt, igitt, bäh! – sind doch die typischen Felder männlichen Größenwahns. Hier kommt die verhängnisvolle Denkverknotung in die Argumentation der bewegten Frau: Statt ihr öffentliches *Machen* sukzessive auf den Weg zu bringen, betont sie ihre Verdienste im *Saubermachen*. Es ist kaum zu glauben. Das Haushälterische, sonst mit äußerster Verbitterung als Sklavendienst für den Patriarchen gesehen, daher hassgeliebt, wird auf der höheren, gesellschaftlichen Ebene plötzlich positiv gedeutet, weil beweiskräftig für das Wirken des besseren Menschen. Anja Meulenbelt beschreibt das so große wie generöse politische Staubwischen der Frauen so: «Männer machen den Dreck, Frauen dürfen ihn wegräumen. Socken waschen auf kosmischem Niveau ...»[29]

Dafür, dass der allermeiste Dreck auf Erden, und zwar der von Männern und Frauen und Kindern gemachte Dreck, von Männern weggeräumt wird (siehe hierzu Kapitel 4), ist dieser Satz schon eine markante Erscheinung. Zweifelsfrei. Mut zur Überheblichkeit siegt. Und von allen Seiten wird diese Selbstbeweihräucherung weiter fremd beweihräuchert. Beispielsweise von Bischof Jacques Gaillot. «Es gibt», sagt dieser altgediente Dissident des Katholizismus, «Ängste vor Veränderungen, Ängste, dass alles anders funktioniert, wenn Frauen Macht in der Kirche hätten.» Gaillot, von Papst Johannes Paul II. 1995 amtsenthobener Außenseiter des französischen Episkopats, erwartet von der Frau auch in der katholischen Kirche, so sie Macht hätte oder bekäme, nur Gutes. Was wäre anders, wenn Frauen in der Kirche das Sagen hätten? Gaillot, archetypisch euphorisiert: «Alles würde sich verändern. Es gäbe eine andere Sprache, eine andere Art, das Leben anzugehen.»[30]

Was ist es, was Frauen zu potentiellen Engelchen macht? Sorgt ein X-Chromosom mehr für den gewissen sittlichen Vorsprung? Verleihen Gebärmütter das liebesethische Potenzplus? Oder ist es «nur» das Weich-Harmonische weiblichen Fühlens, Denkens und Handelns, das feminine Einssein mit Gezeiten, Monden, der Tide der Galaxis? «An den Männern liegt es», sagt der frühere Chefdenker der Kommunistischen Partei Frankreichs, Roger Garaudy, «sich darüber klar zu werden, dass ohne eine Feminisierung der Gesellschaft die gesamte Menschheit mit buchstäblich überhaupt keiner Zukunft mehr zu rechnen hat.»[31]

Ein solcher Satz baut sinnig auf den Konnotationen zum Adjektiv «feminin» auf, wie sie kulturell, psychoemotional und letztlich sprachlich seit Jahrhunderten verfestigt werden. Es handelt sich dabei um Weltanschauung mit halb blinder Brille: «feminin» als Sammelbecken adressierter Heilserwartung an die Frau. Auch wenn dies in permanenter Wiederholung der Frau schmeichelt, sollte sie Fraus genug sein, das Schema zu durchblicken, seine Gefährlichkeit zu erkennen. Handelt es sich doch bei jenem anzubetenden Heil nicht um frauliche Werte, sondern um der Frau zugeschriebene Werte. Friede, Sozialität und Menschlichkeit sind so wenig typisch Frau, wie es typisch Insekt ist, Honig zu produzieren. Teile der Frauenbewegung verfielen – und verfallen – jedoch allzu gern jener auf das mythisch Weibliche gerichteten Erlöserhaltung. Und wer wollte denn nicht schon immer mal endgültig «erlösen»? Also. Im Gefolge der Idealisierung des «Prinzips Weiblichkeit» wurde mit wahrer Freude abgerückt von rationaler Problembetrachtung, von kritischer Be- und Hinterfragung vordergründigen Wohlklangs. Dieser Abschied vom kalten Logos fiel leicht, war dieser Logos doch ohnehin als «männlich», das heißt als «gewaltsame Entleibung»[32] definiert, also akkurates Gegenbild zu Leiblichkeit, Weiblichkeit, Mütterlichkeit. Auch hier schließen sich Definitionen aus der Frauenbewegung seltsam verquer der doch als «männlich» diskreditierten Trennung von Geist und Körper, Kultur und Natur an, wie sie von Aristoteles über Thomas von Aquin bis ins Heute peu à peu installiert wurde. Statt diese Trennung aufzuheben mit allen zur Verfügung stehenden Mitteln, picken sich Frauen definitorische Rosinen dieser Trennung heraus – und bestätigen sie hiermit. Was passt, wird gerne akzeptiert, der Rest ist krude «männlich». Vermeidbar verhängnisvoll, dieses Vorgehen.

Vermeidbar, wenn man sich des reichen Logos-Instrumentariums bedienen würde, um verhärteten Ideologemen den Kampf anzusagen. Nicht nebulöse Natur- und Mütterlichkeitsduselei, sondern Verstand hilft weiter. Der ist *nicht* männlich. Das kann ich versichern. Urteil der Frauenbewegung dazu: Einspruch abgelehnt!

Abgelehnt wird auch das «Sapere aude!» der Aufklärung der Herren Locke, Kant, Lessing und Voltaire. «Wage zu denken?» Es ist immer niederschmetternd, Frauen von der Aufklärung als der Schlussoffensive des Männlichen reden zu hören. Selbstverständlich ist das große weibliche Missverständnis gegenüber der Aufklärung nachvollziehbar. Allerdings ist es auch aufklärbar. Und es wäre mit scharfem Denken vergleichsweise leicht zu überwinden. Die Aufklärung verhalf eben nicht nur der Naturbeherrschung der technisch-rationalen Welt auf die Sprünge (Maschine = männlich = igitt!), sondern eben auch der Anerkennung individueller Menschenwürde und den Grundlagen freier Selbstbestimmung. Damit waren die ideell-logischen Fundamente für den Katalog der Menschenrechte der Moderne gelegt –, die gerade die Frauenbewegung ausgiebigst zu nutzen versteht. Die Aufklärung ist als Vorstoß rationaler Weltsicht bipolar zu verstehen und zu werten, das heißt modisch-neudeutsch: ganzheitlich. Wer nur einen Teil sieht – jenen, der in der Weltressourcennutzung, Naturausbeutung und Entfremdung seinen vernichtenden Siegeszug antrat –, hat den Opfer-Mythos im Kopf und die halb blinde Brille auf der Nase.

Sapere aude! wäre auch für die Entzauberung der schwärmerischen Heilserwartung ans behauptet Feminine von Nutzen. Aber der Bauchpinsel-Faktor des «Besserseins» ist einfach zu groß. Das «ich weiblich, ich besser» obsiegt in weiten Teilen fraulicher Argumentation als Automatismus. Und so geht es mit mächtigem Tempo ab und hinein in die Mütterlichkeitsfalle. Es ist tatsächlich eine, denn diese Falle haben bürgerlich-konservative Kräfte schon während der ersten Industrialisierung mit viel Liebe und weichem Ideologiefilz ausgekleidet. Manche Fallen sollen schließlich verführen. Auch die feministisch gewendete Mütterlichkeit entschlüpft ihr nicht. Sie ist Teil des Erlöserglaubens, Teil des Denkens und Hoffens von der Frau als Heilgebliebener, als Retterin.

Immerhin nimmt die bewegte Frau am Rande noch wahr, dass es in den fortgeschrittenen Industriestaaten immer weniger Mütter gibt, dazu immer weniger kinderreiche Mütter. Egal, sagt die Frauenbewegung, dann gilt es eben der Mütterlichkeit an sich mehr gesellschaftliche Geltung zu verschaffen, respektive die latente Potenz seelischer Mutterschaft der Frau ins Berufsleben zu tragen. Oder auszutragen. Frau liest hierzu die korrekten Bestätigungspublikationen: «Mütterliches Denken – Für eine Politik der Gewaltlosigkeit» heißt eine davon [33]. Ganz kalkuliert streckt die Amerikanerin Sara Ruddeck damit die richtigen Zitzen dem enorm saugbedürftigen weiblichen Publikum entgegen. Und der süße Saft von Selbstberuhigung und Selbsterhebung wird geradezu süchtig abgenuckelt. Die «wohl ausbalancierte Kunst des Kinderaufziehens» gleiche «einem Mikrokosmos der Weltbeziehung» – so die Verlagswerbung. Was immer dies heißen möge. Aber lässt es sich nicht wunderhübsch an dieser Zitze nuckeln? «Die Autorin», so der Verlag weiter, entwickle die «bahnbrechende Vision einer Politik der Gewaltlosigkeit, die auf der komplexen, idealistischen und paradigmatischen Arbeit von Müttern basiert.» Tja, da wird nun jede Mutter endgültig schwach, schaut in den Spiegel, bestätigt sich ihre komplexe, selbstverständlich idealistische, eigennutzfreie Arbeit, ihren Mütterlichkeitsvorsprung, lächelt wissend, fühlt sich zugehörig – und bleibt in der Sackgasse stecken wie bisher. Denn aus der Heim-, Herd- und Mutterglück-Suhle wollten Frauen doch immer raus? Oder doch nicht so ganz und völlig? Unmissverständlich gesagt: Die so genannte «Mütterlichkeit» ist eine der Tendenzen in der Frauenbewegung und der Geschlechterdebatte in toto, die keinen Fortschritt für das Verhältnis von Männern und Frauen verspricht. Sie ist eben nicht, wie oft von weiblicher Seite behauptet, die kämpferische Umkehr konservativer Rollenzuweisungen, sozusagen der verschmitzte, siegreiche Kampf gegen den Aggressor mit dessen Waffe. Nein, substantiell und strukturell ist die «Mütterlichkeit» nichts anderes als die passivitätsfördernd-lobhudelnde Verlängerung der Bekundung Helmut Kohls in einem Interview in «Bild der Frau»: «Meine Hochachtung gehört unseren Müttern! Sie haben ein Leben lang ihre Pflicht getan, ohne zu protestieren. Die nie demonstrieren konnten – gar nicht wissen, wie das geht.»[34] Die Gefahr des Sich-Verlaufens auf geschlängelten Umwegen – genannt seien neben dem Paradebeispiel «Mütterlichkeit» auch jene, die unter «Selbsterfahrung» rangieren oder «Spiritualität» – basiert dabei ein aufs andere Mal auf der einschmeichelnden Qualität des Denkkonstrukts von der Frau als besserem Menschen. Das Konstrukt wirkt überall, mal lauthals, mal klammheimlich, mittelbar wie unmittelbar. Es ist zu verlockend, zu den «Bewahrenden» und «Ressourcenbeschaffenden» zu zählen, wie Rolf Zundel in der «Zeit» von der Frau schwärmt[35]. Dass Fetischformeln der Idealisierung ein Hauptinteresse der Bewahrung des Status quo in sozialer, ökonomischer und geschlechtsspezifischer Hinsicht sein könnten, das entzieht sich allen, die sich beim Nebelkerzenwerfen vor allem an der blockierten Sicht erfreuen.

Männer nicht ausgenommen. Gerade die benehmen sich geistig wie volltrunken, wenn sie auf ihrer Suche nach einem Pfad vom Unheil ins Heil auf halbem Wege *die* Frau entdecken. «Mütterlichkeit» und Zukunftsfähigkeit werden da blitzschnell eins. Auch durchaus ernst zu nehmende Autoren wie der Zukunftsforscher Robert Jungk lassen im Anbetungsreflex jedwede intellektuelle und sprachliche Vorsicht fahren. Auch ihre Heilserwartung ist klar delegiert. Sie pumpen, um im Bilde zu bleiben, die Zitze randvoll mit Milch: «Frauen prägen einen neuen humanen Stil des Umgangs mit dem Menschen, der Menschen mit der Natur.» Schon mal nicht schlecht. Aber nicht genug, denn Jungk ejakuliert geistig wie folgt: «In ihrer Umarmung wird die Hoffnung wiedergeboren.» Was sagt man dazu? Mann sagt gar nichts dazu, sondern lässt Alice Schwarzer die Jungk-Sentenz kommentieren: «Da kann ich nur wiehern. Das ist der moderne Lore-Roman … Einen Dreck sind wir die besseren Menschen. Wir haben bisher nur weniger Gelegenheit gehabt, uns die Finger schmutzig zu machen!» [36]

Der letzte Satz ist stimmig. Nur nehmen ihn Frauen nicht zur Kenntnis. Eine solche Äußerung gilt als Lapsus einer ehemaligen Hauptfrauenbeauftragen der Republik, sie geht im besten Falle sang- und klanglos im Medientralala unter. Außerdem stimmt er nicht *ganz*. Sicher hatten Frauen «weniger Gelegenheit», sich die Finger schmutzig zu machen. Allerdings muss strikt unterschieden werden zwischen Gelegenheiten «bekommen» und Gelegenheiten «ergreifen». Ein Defizit der Frauenbewegung ist, dass sie existierende Frauenmacht da, wo sie besteht, nicht als solche definiert, respektive verniedlicht, gering schätzt, klein macht – übrigens oft im Gefolge «männlicher» Sichtweisen. So erleidet es beispielsweise die häuslich-private Machtsphäre der Frau. Über den Status der unterdrückten, unbezahlt abhängig Beschäftigten im Privat-«Patriarchat» ist die «Nur»-Hausfrau gerade in der feministischen Darstellung nie herausgekommen. Das erinnerte stets an die Geringschätzung der Hausarbeit durch den Durchschnittsmann – anders begründet, gleich im Ergebnis. Dass jemand das Häusliche als Einflussbereich höchst gerne nutzen und geradezu wertschätzen könnte, das war und ist weder für manche Männerweltsicht noch die feministische Perspektive relevant. Beide nahmen und nehmen den Machtbereich des «inneren Hauses» nicht ernst.

Draußen, im «äußeren Haus», ergreifen Frauen schlicht die Flucht vor der überindividuellen oder überfamiliären Verantwortung. Beispiel Supermarkt als globale Miniatur: Lieber Verkäuferin sein oder an der Kasse sitzen und dabei viele liebe Kolleginnen haben als Marktleiterin sein oder werden wollen (Gelegenheit «ergreifen») – und damit dann gar nicht mehr so nette Kollegen und Kolleginnen zu haben, sondern Untergebene, Weisungsgebundene, welche, die stänkern, stöhnen und die Buhfrau brauchen, um sich so richtig wohl zu fühlen. So schmutzig dürfen für Frauen die Finger nicht werden – nicht im Supermarkt, nicht in Redaktion, Handelsunternehmen oder Werbeagentur, nicht in Gewerkschaft und Politik. So viel Ballast und menschliche Reibungsverluste schrecken ab. Auf so viel Frust bei der Lust am Leiten und Lenken können Frauen verzichten. So viel unangenehme Exponiertheit ist zu viel. Dann lieber Kopf einziehen, insgeheim maulen und besser wissen, dafür Geld auf die Hand und ab nach Hause ins Idyll «femininer Kompetenzbereiche». Zu Hause kann man dann Anja Meulenbelt nachsprechen: «Die ganz alte Geschichte. Männer machen den Dreck. Frauen dürfen ihn wegräumen.» Und dann werden sie wieder gewaschen, die Socken zu Hause und die «auf kosmischem Niveau». Letztere aber nur scheinbar. Denn richtig aufräumen und sauber machen, also im Klartext: verändern, beeinflussen, anschieben, entwickeln, voranbringen, das braucht eine Verantwortungsethik, die nicht (nur) dem stillen Kämmerlein von Bad, Diele und Wohnzimmer, sondern dem etwas lauteren und nervenfressenden Konkurrenzdruck des Arbeitsmarktes gewidmet wird. Wenn sie also wirklich Socken kosmisch wüschen, diese Frauen, und das schon immer, sähe ihr Alltag anders aus.

Aber der «bessere Mensch», der weiß eben auch, wo es besser ist. Finger verschmutzen, Finger verbrennen, Fingernägel brechen, Finger verlieren, das sind ja nicht immer nur die angenehmen Seiten des Lebens. In der Sicht von Frauen handelt es sich um männliche Urträume, um selten geneidete, meist gering geschätzte virile Mutproben – allemal nichts, was für das eigene Geschlecht zu empfehlen wäre. Dann lieber schmollen, motzen und besser sein. Dass man eine ganz andere Weiblichkeit leben kann, und dies beglückend offensiv, zeigt beispielsweise die deutsche Unternehmerin des Jahres 1991. Annette Winkler, damals 32 Jahre alt, reüssierte im Baugewerbe (Männer!!!) und dort gleich in zwei erfolgreichen Firmen. Selbstbewusster Mensch und nicht hektisch kompensierende Vorzeigefrau, schaut sie gelassen auf Geschlechtsstereotype. «Ich hatte als Frau immer Vorteile, keine Nachteile», sagt sie. Ein solcher Satz verböte sich jeder Feministin von vornherein, auch wenn er stimmte, steht dieser doch quer zu den Anwendungsvorschriften des Opfer-Paradigmas. «Offensichlich», fährt die Prämierte fort, «wird die Tatsache, dass eine Frau das (gemeint: das Engagement im Baugewerbe, d. Verf.) überhaupt macht, für so außergewöhnlich erachtet, dass viele bereit waren, zu helfen.» Weil unternehmerisches Risiko kein Geschlecht hat, antwortet Winkler auf die Frage nach den Vorzügen oder Schwächen von Frauen in Führungspositionen: «Ich rede normalerweise nicht von den Stärken und Schwächen von Männern und Frauen, sondern von Menschen. Einzige Ausnahme: Frauen trauen sich weniger. Sie sind risikobewusster als Männer. Sie haben auch nicht dieses vielbeschworene integrative Moment und größere Intuition.» Da Winkler «soziale Komponenten» des kooperativen Führungsstils in ihrer Unternehmensführung praktiziert, steht die Unternehmerin über kurz oder lang – kein Mann wird im oft umgekehrt vorliegenden Fall danach gefragt – vor der Nachforschung, ob dies «eine typisch weibliche Art der Führung» sei. Antwort: «Nein. Ich kenne Unternehmen, wo das unter Führung eines Mannes stattfindet und umgekehrt in von Frauen geleiteten Betrieben nicht.» So viel Standfestigkeit und Korrektheit angesichts der steten Verführung, feministischen Zusatzbeifall einzuheimsen, verdient Respekt.

Das gesamte Interview [37] mit der Unternehmerin des Jahres 1991, aus dem hier zitiert wird, stand unter dem heimlichen Ermittlungsplan, ob denn die «besseren Menschen» nicht auch die viel besseren Führungskräfte seien. Das gewünschte Ermittlungsergebnis kam nicht zustande. Die Unternehmerin hat radikal die diesbezüglichen Erwartungshaltungen zerstört – ohne einen Funken Frauenfeindlichkeit, ohne einen Funken Männerphobie. Sie hat scheuklappenfrei geurteilt – als Fachfrau – und jedes Stolpern in die überall bereitstehenden Fettnäpfchen chauvinistischer oder feministischer Fall-Interpretation vermieden. Sie hat unangepasste Weiblichkeit bewiesen und souverän klargemacht, dass einerseits Führungsinstinkt und Geschäftserfolg möglich sind, andererseits neid- und aggressionsfreie Analyse männlicher Geschäftsmenschen. Einfach so. Sicher einiges zu viel für die Weltschau der Frauenbewegung. Unzumutbar wegen Unverdaulichkeit, würde ihr Urteil lauten. Obwohl sich hier eine Frau die Finger schmutzig macht und die Gelegenheit «ergreift». Obwohl hier eine Unternehmerin «Socken wäscht» mit ganz anderen Mitteln. Obwohl dem Ideal tatkräftiger Weiblichkeit entsprochen wird. Und obwohl an diesen Fingern kein Blut klebt.

Wie bei anderen Frauen. Jährlich zwei Millionen junge Mädchen – so schätzte die Weltgesundheitsorganisation 1997 – müssen jedes Jahr die Verstümmelung ihrer Genitalien über sich ergehen lassen. In Asien, Afrika, dort beispielsweise in Somalia. Da bekommen die jungen Mädchen ein Stück Holz zwischen die Zähne gesteckt mit der Aufforderung «Beiß zu, bis der Schmerz nachläßt» und dann werden mit unsauberen Messern oder gar Glasscherben dem Mädchen die Schamlippen und die Klitoris abgeschnitten. Der ungeheure Druck der Tradition der ahnenhörigen Gesellschaften gerade in Afrika gehört bis heute zum offenbar unüberwindbaren Teil des Kulturerbes. Wer das Holz zwischen die Zähne steckt? Meist die Mutter. Wer schneidet? Medizinfrauen, Mütter, Tanten.

Halt! War da nicht was? Spukte da nicht die Frau als Trägerin der positiven Energien durch die historischen Analysen der bewegten Frau im fortschrittlichen Westen? Gab es da nicht die gute Hexe mit ihrem geheimen Wissen um Medizin und ganzheitliche Heilung, die da samt ihrem Kräuter(macht)wissen von den Männern in gezielter Arglist international verbrannt und vernichtet wurde? Nun ja, es gab und gibt jedenfalls Frauen, die schon immer rituell beschnitten *haben*.

Weltweit. Über dem Bericht der Deutschen Presse-Agentur[38] zu den weltweiten Protesten der rituellen Beschneidung steht der Satz: «Wer seine Tochter verheiraten will, muss sie verstümmeln.» Jetzt sind Sie dran, liebe Leserin, lieber Leser. Legen Sie sich zurück, käuen Sie den Satz wieder: «Wer seine Tochter verheiraten will, muss sie verstümmeln.» Denken Sie über diesen Satz nach, denken Sie vor allem nach über Absender und Adressaten. Durchdrungen «männlich», wie die Welt behaupteterweise ist, assoziieren Sie bei diesem Satz doch sicher einen Mann zwischen den Beinen seiner Tochter, seiner Enkelin, der Tochter seines Nachbarn oder? Sie sehen, wie er sich dort die Finger schmutzig macht. Sie sehen dort keine Frau, schon gar keine sorgende Mutter. Der Aufschrei der Frauenbewegung über den Brauch, der unter dem Vorwand der Körperhygiene am Leben erhalten wird, ist berechtigterweise groß, ja: er kann gar nicht groß genug sein. Die Wahrnehmung, wer jeweils konkret tatausführend und damit traditionserhaltend und aggressionsleitend zu Werke geht, wird jedoch geflissentlich übersehen oder ausgeblendet.

Männer sind nicht nur schlechter, sondern Schlächter. Diesem Standard folgend, fällt die Verdrängung anders lautender Mitteilungen aus dem Weltgeschehen auch so leicht. Bei den Massakern während des Bürgerkrieges im zentralafrikanischen Ruanda in den Jahren 1994 und 1995 haben auch Frauen «in beispiellosem Ausmaß bei den Morden teilgenommen», wie der offensichtlich komplett verdutzte englische «Guardian» schrieb[39]. Frauen mit Blut an den Fingern – da kann es sich nur um Menstruationsblut handeln. Die ideologisch zementierte Selektiv-Wahrnehmung der Frau als Einrichtung für Hege und Pflege macht eine Abfassung von Zeitungsberichten wie dem zitierten erst möglich. Frauen sind gefälligst Opfer. Gerade auch in den Männerköpfen der «Guardian»-Redaktion. Und so dokumentieren die Herren anhaltend verdattert: «Tausende von Frauen wurden von anderen Frauen ermordet.» Ich frage: Warum eigentlich nicht? Der «Guardian»: «Sie starben oft durch die Hände gebildeter Frauen, die Zugang zu politischer Macht, wirtschaftlichen Mitteln und Bildung hatten.» Ich frage: Können etwa gebildete Frauen Menschen weniger gut morden als halb- oder ungebildete Menschen? Einige Frauen hätten, schrieb der «Guardian» weiter, mit den Händen gemordet, andere hätten Verletzten und Toten alles geraubt, was sie am Leibe hatten. Eine namentlich bekannte Polizistin habe in schwangerem Zustand einen Angriff gegen Flüchtlinge angeführt, kniend auf wehrlose Menschen geschossen und Handgranaten geworfen. An dieser Stelle kippte die «Guardian»-Redaktion höchstwahrscheinlich rückwärts aus den Schuhen – der Gipfel des nicht für möglich zu Haltenden war erreicht: weiblich, schwanger und brutal gewalttätig – und das alles eine Frau! Aber der Bericht war noch keinesfalls zu Ende. Zwei Benediktiner-Nonnen hätten Tausende von Tutsis der Hutu-Armee ausgeliefert und dazu kanisterweise Benzin ausgegeben, mit dem danach viele Tutsis bei lebendigem Leibe verbrannt worden seien. Nach dieser Tat letztlich selbst verfolgt, sollen die zwei Nonnen gar in einem belgischen Kloster Unterschlupf gefunden haben. Beim Teufel: Flüchtig also auch noch. Der gerechten Strafe entrinnen wollend. Wie Männer.

Diese Nachrichten aus London sind nur beispielhaft zitiert. Sie stehen für das allen Boden unter den Füßen verlierende Erstaunen darüber, dass Frauen nicht die besseren Menschen sind. Wie so inständig gehofft. Aber diese Entzauberung der Frau ist nötig. Wiewohl sie stets wieder verkannt und innerlich abgewehrt wird als schrille Ausnahme von der Hege-, Pflege- und Bewahrungsregel. Die Frau als Hort von Sanftmut und aggressionsfreier Sozialität ist inzwischen zu einem Stück Menschheitsglauben zeitenübergreifender Inbrunst geworden. Gefährlich einseitig, gefährlich missachtend das nicht rumpfartige, sondern komplette Menschsein der Frau. Zu diesem gehören dann aber auch die Unappetitlichkeiten wie Arglist, Heimtücke, Hinterhältigkeit, Gewalt, Blutrausch, Mordlust.

Die Strategie, Macht-Frauen in Gesellschaft, Politik, Wirtschaft als verirrte, weil männergeleitete oder -verführte Schwestern abzutun, ist beliebt, auch in der Frauenbewegung. Unterstellung: Frauen kopieren Männer, können nur über diese Kopie Erfolg haben, passen sich patriarchaler Technik an, sollten daher für ihre Geschlechtsgenossinnen quasi als Männer gelten. Vollkommen falsch, gerade andersherum wird ein Schuh draus: Nur die ganzheitliche Wahrnehmung weiblicher Verhaltensformen wird der Frau auch als Ganzes gerecht. Jede auswählende Wahrnehmung arbeitet mit an der Verstümmelung des Repertoires, das für Frauen als «normal» oder geschlechtstypisch angesehen wird. Gewaltbereitschaft gehört unbedingt zum Kanon des Menschseins, faktische Gewaltausübung ebenso. Jedes Verkennen dieser Repertoire-Anteile im Verhalten von Frauen verbarrikadiert den Blick auf die Ganzheit ihrer Persönlichkeit und fördert wiederum den unkontrollierten Ausbruch von Gewalt. Diesen zu vermeiden ist ein Antrieb aus der Verantwortungsethik.

Verantwortung zu wollen ist das eine, Verantwortung zu tragen das andere, Verantwortung – auch stellvertretend – zu übernehmen ist das dritte. Warum ist Margaret Thatcher, die ehemalige britische Premierministerin, für die Frauenbewegung eine Un-Frau nur, weil sie eiserne Machttechnik und Durchsetzungsfähigkeit vorführte und sich daher wie mancher männliche Machtmensch benahm? Diese so genannte Thatcher-Frage gehörte in Diskursen und Diskussionen – öffentlich wie privat – immer zur unangenehmsten für die frauenbewegte Frau. Ein echter Stimmungskiller für die traute Andacht der Geschundenen. «Aber das ist doch auch eine Frau», trauten sich in vielen Versammlungen Männer wie Frauen dem Bild des besseren Menschen entgegenzuhalten. Schließlich habe diese Frau ja auch so etwas Imperiales wie den Falklandkrieg begonnen. Diesen Einwänden gegenzuhalten, besaß dann nur Alice Schwarzer den klaren Blick: «Da sehen Sie mal», gab sie entspannt zurück, «daß die Frauen genau das können, was die Männer können. Im Guten wie im Bösen.»[40] Aber diese einsichtige Sentenz bleibt Einzelstimme in einem Meer beleidigt aufjaulender Proteste.

Und man muss ja keinesfalls nur jene Thatcher-Frage stellen. Im politischen Feld des 20. Jahrhunderts agierende Frauen wie Benazir Bhutto, Indira Gandhi, Golda Meir, Evita Peron, Imelda Marcos, Winnie Mandela – die Reihe ließe sich beliebig fortsetzen über Nationen und Kontinente hinweg – haben die Messlatte für den besseren Menschen ja ebenfalls entweder knapp oder ganz erheblich unterlaufen. Und warum? Weil sie zu hoch hängt. Weil sie lebensfremd hoch angebracht ist. Weil sie nicht zu überspringen ist. Korruption, Amtsmissbrauch, Opportunismus, Machttrunkenheit, Abgehobensein, Konkurrenzdenken, Mogeln, Mauscheln und Vertuschen sind nicht männlich. Sie sind, so Leid es tut, *typisch Mensch.* Sie sind das Ergebnis individueller Defizite und soziostruktureller Aneignung, das Resultat psycho-emotionaler Prägungen.

Meulenbelts «Aufräumarbeit» wäre demnach für den Bereich der feministischen Interpretation angesagt. Motto: Nicht gar alles aufs «Patriarchat» schieben – den praktischen Mülleimer mit großem Fassungsvermögen für alles, was schwer verständlich, politisch unkorrekt, ethisch mangelhaft, moralisch haarsträubend ist. Angesagt ist, sich als Frau mit Frauen im politischen Wirkfeld tatsächlich zu befassen. Über Männergehabe, vom weltpolitischen Gipfeltreffen bis zur alltäglichen Machtpraxis, wimmeln ausreichend sarkastische und abfällige Bemerkungen in der Diskussion. Zu Recht. Zu Unrecht aber geschieht es als geschlechtsspezifisches Abgelache. Wo bitte ist die Frauenbewegung bei der Aburteilung politischer Dilettantinnen wie der ehemaligen türkischen Ministerpräsidentin und Außenministerin Tansu Çiller? Sicher nur *ein* Beispiel, aber ein gutes: korrupt, Land und politisches System destabilisierend, weder konzeptionell noch strategisch führungsfähig, handelte sie ausschließlich machtpolitisch ausgerichtet. Und stets förderte sie Geistesverwandte wie Meral Aksener, zeitweise Innenministerin im Kabinett in Ankara. So machen sich Frauen ständig die Finger schmutzig, und die Internationale der Frauenbewegung schaut krampfhaft weg und behauptet, Frauen bekämen nie Gelegenheit, sich die Finger schmutzig zu machen. Und sei es nur für eine kleine Dienstwagenaffäre, wie sie die ehemalige Bundestagspräsidentin Rita Süssmuth ganz bravourös, also «männlich», durchgestanden und ausgesessen hat. Keine Gelegenheit zum Fingerschmutzigmachen. Nie.

Ein passendes Beispiel ist das der Drahtzieherin hinter dem Attentat an dem israelischen Ministerpräsidenten Yitzak Rabin im Jahre 1996. Der Attentäter Jigal Amir war in aller Munde. So, wie er ist, hatte ihn die Welt gerne, den gewalttätigen Extremisten. Jung und männlich, die Triebe nicht unter Kontrolle, hasserfüllt, losballernd. Die Frau dahinter, als Drahtzieherin vor Gericht, war 20 Jahre jung, attraktiv und gar nicht verbohrt hässlich. Nichtsdestotrotz genauso extremistisch. Aber sie ließ schießen. Und blieb in mehrfacher Hinsicht hübsch in Deckung. Oder Biljana Plavsić. 1996 wurde sie Nachfolgerin des später international gesuchten Radovan Karadžić an der Spitze der politischen Vertretung der bosnischen Serben im Gefolge des Balkan-Bürgerkrieges und der ethnischen Verwüstung des Staates Bosnien-Herzegowina. Der «böse» Psychiater Karadžić – ein wunderschönes Feindbild. Die über 60 Jahre alte, promovierte Biologin an der Universität Sarajevo aber stand dem selbst ernannten, despotischen Serbenführer in nichts nach – auch nicht in Bezug auf vollkommen fehlende Kenntnisse über die Charta der Menschenrechte. Wen gäbe es noch? Vielleicht die «starken Frauen der Mafia»[41], die seit Jahren im Osten Siziliens für Furore sorgen. Keineswegs subaltern, sondern in Leitungsfunktionen, auch beim Dirigieren von Morden und Attentaten.[42] Ein Thema für Frauen? Ein Thema für die Frauenbewegung? Nein.

Es kann nicht sein, was nicht sein darf. Die Normalität darf nicht sein. Sie muss draußen bleiben. Der bessere Mensch muss besser bleiben dürfen. Sonst fehlt etwas. Vielleicht Hoffnung. Der bessere Mensch muss auch Opfer bleiben – weil er doch besser ist. Das Staffelholz geht an Margarete Mitscherlich: «In allen uns bekannten Kriegen hatten die Frauen eine dienende

Rolle oder unterhaltende Funktion, sie zogen im Troß hinter den Kriegern her, sorgten für ihr leibliches Wohl, im Bett und in der Küche, im Lazarett und im Bordell – fast immer waren sie Opfer, ob als Vergewaltigte, Gefolterte, Getötete, Sklavinnen oder Kriegstrophäe, ob als Trauernde um Familienväter oder Kinder. Nur selten wurden ‹Weiber zu Hyänen›, nur selten hat man sie dazu antreiben können, an der ‹Grausamkeitsarbeit› teilzunehmen.»[43] So, durchatmen. Jetzt stimmt alles wieder. Vor allem, wenn es wie bei Mitscherlich gleich als General-selbstabsolution auf Seite eins einer Abhandlung deklamiert wird. Zum Glück gibt es Menschen, die für Klarheit sorgen im Dickicht drohender Verwirrung.

Dafür sorgen auch Christa Wolf und Medea. Jaja, die beiden. Die göttliche, zauberhafte und des Zauberns kundige Königs-tochter von Kolchis, Medea, verhalf ja Jason zunächst zum Gol-denen Vlies und floh dann, nach vielen hochaufregenden Abenteuern mit Gemahl Jason und den Argonauten, nach Ko-rinth. Als Jason sie und ihre beiden gemeinsamen Kinder einer anderen Frau wegen verlässt – der Opportunist vermählt sich mit Glauke, der Tochter des Königs Kreon –, tötet Medea im Rausch der Rache die Nebenbuhlerin. So weit, so schlecht, denn: Die Korinther wollen dies nicht einfach so hinnehmen. Sie morden nun die gemeinsamen Kinder Medeas und Jasons. Die von Anfang an angefeindete Medea, als Giftmischerin an-geklagt, verlässt darauf flugs – wörtlich zu nehmen, weil im göttlichen Himmelswagen ihres Großvaters Helios – die Stätte des Unheils und flieht nach Asien, wo sie Mutter aller Meder werden darf. Die «Medea» des Euripides, als mythologischer Stoff nun 2400 Jahre alt, mordet danach auf fürchterliche Weise weiter. Sie bringt auch die eigenen Kinder um, um jede Erinnerung an den treulosen Gatten zu tilgen. Gewiss, Euripides ging weit. Aber er war ja auch ein Dichter. Ovid, Seneca, Grillparzer und Heiner Müller vertieften die Arbeit am Mythos. Alles Männer. Schlecht. Sagte sich Christa Wolf und bekannte: Medea hat gar niemanden umgebracht, alles böswillige Nachrede der Männer. Der Mythos ist falsch, weil frauenfeindlich. Ergebnis: umdichten, für Gerechtigkeit sorgen. Christa Wolf und der korrigierende feministische Reflex. Der bessere Mensch muss besser bleiben. Die insinuative Kraft der These von der Unschuld der Frau ist unerbittlich. Frauen und Brutalität *dürfen* nicht zusammenkommen, Frauen und Gewalt *müssen* zwei verschiedene Planeten bleiben, Frauen *sind* Frieden – und damit basta.

Wie wär's mit der radikalen Umdichtung der «Götterdämmerung» – nur beispielsweise. Da kommen die Männer so schlecht weg. Und Brünhilde ist die edelste von allen? Stimmt alles gar nicht. Ätsch!

KAPITEL 3

Die Historie ist bluttriefend, düster,
männlich. Frauen waren halt nicht dabei.
Von der Ganzkörper-Prostitution der
Männer im «Patriarchat».

Was haben Männer historisch eigentlich so gemacht? «In allen bekannten geschichtlichen Zeiten sind Kriege von Männern geführt worden. Männer haben Kriege vorbereitet, angezettelt ..., haben gegnerische Heere vernichtet, haben Gefangene gemacht oder auch nicht, haben ganze Landstriche verwüstet, Kontinente erobert, ‹kolonialisiert›, Kulturen ausgelöscht, haben nebenbei Frauen, Kinder, Greise hingemetzelt.» [44] Nebenbei. Das ist schön gesagt. Denn nebenbei, das trifft, ironischerweise, zu. Denn vor allem haben Männer Männer umgebracht. Nicht etwa die Lädierten, Kranken, Hässlichen, nicht etwa die Alten und die Dummen, sondern zuvorderst das beste «Menschenmaterial», das die jeweiligen Männer-Generationen hergaben, also die Jüngsten und Jüngeren, die Kräftigsten, Gesündesten, nicht selten die Klügsten.

Stellt sich die Anschlussfrage: Warum machen Männer das? Der oben zitierten Einschätzung von Margarete Mitscherlich folgend, handelt es sich hierbei um eine Form unabänderlichen, also zwanghaft reproduzierten Selbstzwecks. Sie leben für die Vernichtung, die Männer, also sterben sie auch in ihr. Ist doch ganz einfach. Und folgerichtig. Die Frauen an der Heimatfront haben derweil – von Sparta bis Rom und Grosny, von

Barbarossa bis Stalin und Pol Pot – unablässig für Frieden und Verständigung demonstriert und mit äußerstem Einsatz ihre Söhne vor der Fremdverwendung als Werkzeug des Krieges geschützt. Tja. Schön wär's gewesen.

Für wen oder was führen Männer so was wie Krieg? Zunächst einmal, «um weibliche Menschen zu züchtigen, zu demütigen und sich ihrer zu bemächtigen»[45]. «Der Krieg», so Susan Brownmiller, «liefert den Männern den perfekten psychologischen Freibrief, um ihrer Verachtung für Frauen Luft zu machen. Die Männlichkeit des Militärs – die brutale Waffengewalt, ausschließlich in ihren Händen liegend, das geistige Band zwischen Mann und Waffen, die männliche Disziplin des Befehlens und Durchführens von Befehlen, die simple Logik der hierarchisch geordneten Befehlsgewalt –, das alles bestätigt den Männern, was sie bereits lange ahnten, nämlich dass Frauen nur unerhebliche Nebensache sind in einer Welt, in der es auf andere Dinge ankommt, nur passive Zuschauer des Geschehens im inneren Kreis.»

Dies scheint jedoch nicht der einzige Grund zu sein fürs Kriegführen der Männerbestien. Warum tun sie es noch? Für sich selbst, nimmt die Frauenbewegung an, weil – sie beweisen sich gern, sie geben gern groß an und sterben gern, nicht zuletzt heldenhaft und jung. Enormen Spaß macht darüber hinaus ja bereits das Lernen und Üben des Kriegshandwerks. Lanzen in Strohpuppen stechen, Bajonette in Sandsäcke stoßen, das Robben unterm Stacheldraht hindurch oder durch wunderbar matschig-feuchtes Gelände bei schwül-drückender Hitze in voller Kampfmontur mit dicken Stiefeln und einem kleidsamen stählernen Helm auf dem Kopf – alles Bewegungsformen, die Männerherzen rundweg höher schlagen lassen.

Was kann es Schöneres geben? Außerdem führt das Geschlecht, das alle Macht an sich gerissen hat, das Kriegshandwerk auch aus, um seine Macht und Herrlichkeit zu demonstrieren.

Mal ehrlich: Die hohe Kunst der Logik ist dies wahrlich nicht. Wenn Männer wahrlich die Macht hätten, würden sie nicht robben, sondern robben lassen. Wenn Männer wirklich die Macht hätten, würden sie nicht abstechen, sondern abstechen lassen. Wenn Männer wirklich die Macht hätten, würden sie nicht sterben, sondern sterben lassen. Bringen wir es auf die Ebene des jeweils hinkenden Vergleichs mit anderen unangenehmen Dingen, die jeder Mensch sonst auch lieber delegiert. Sagen wir den Müll. Wenn sie die Macht haben, lassen sie den Müll aufsammeln und wegbringen und machen es nicht selbst. Wenn sie eine Baumwollplantage haben in South Carolina und der Kalender im Herrenhaus das Jahr 1856 zeigt, dann erstehen sie ein paar preiswerte Sklaven aus Afrika und lassen pflücken. Sie pflücken nicht selbst. Wenn sie einen Krieg führen wollen, greifen sie sich ein paar Idioten, arme Würstchen und Söldner, die die Drecksarbeit machen und sterben.

Spätestens an dieser Stelle sind wir wieder am Ausgangspunkt: Wer die Macht hat, stirbt nicht selbst. Männer lassen aber nicht sterben, sie sterben selbst. Was hindert eigentlich Männer daran, die reichlich ominöse Angelegenheit zu durchschauen? Offensichtlich haben sie sich vollkommen damit abgefunden, «Macht» zu nennen, was jede andere betroffene Gruppe als Zeichen absoluter Machtlosigkeit dechiffrieren würde. Und der Bereich des Militärischen fungiert nur als ein extremes Beispiel.

Das «Patriarchat» kostet Männer das Leben. Das System nutzt also nicht den scheinbar Herrschenden, sondern anderen. Wer es als Zeichen seiner Macht und Privileg des Bessergestellten ansieht, der Kontrolle über sein eigenes Leben beraubt zu werden und als Nummer 223 415 auf dem Soldatenfriedhof zu enden, der muss komplett der Idiotie verfallen sein. Oder der Ideologie, die ihm einredet, es sei seine Aufgabe, sich zu verleugnen. Die Schlacht an der Somme im Ersten Weltkrieg hat das Leben von *einer Million* junger Männer ausgelöscht. Wie gesagt: Es handelt sich um die Opfer *einer* Schlacht in dieser vierjährigen Massenschlachterei, die wir uns erlauben euphemistisch den Ersten Weltkrieg zu nennen. Haben eine Million Männer ihr Leben verloren, weil sie die Macht hatten? Haben ihre Frauen, Freundinnen, Kinder überlebt, weil sie vollkommen machtlos waren und den Kürzeren zogen?

Frauen machen sich so gut wie nie bewusst, mit welcher Totalität das «Patriarchat» Männer erfasst, benutzt, funktionalisiert, instrumentalisiert. Dagegen lebt die Frau international unter einer Glocke der Behütetheit. Männer wurden und werden international nach der Maßgabe rekrutiert, wie gut sie morden können – keinesfalls Frauen morden können, sondern Männer. Trotzdem hieß Krieg nie Männertöten. Genauso wenig wie Verdun als soldatischer Holocaust gilt – also als Ort der Vernichtung nach Plan und vorheriger Selektion –, sondern als ein «Feld der Ehre», auf dem der «Dienst am Vaterland» tödlich endete. Alle sprachlichen Verschleierungen oder Beschönigungen, die um das Sprachfeld «Krieg» herum aufgebaut sind, vermeiden das Aussprechen der Tatsache, dass es im Kern um das Töten von ihrer Selbstbestimmung beraubten Männern ging, denen zuvor noch eingetrichtert wurde, dass ihr Opfer Vaterland und Frauen schützen würde. Männer, die Soldaten sein müssen oder wollen, werden, ausgestattet mit allen Insignien pseudohafter Macht, in die totale Machtlosigkeit gestoßen. Die waffenstarrende Machtlosigkeit ist schwer zu durchschauen – sie soll nicht durchschaut werden. Jedenfalls sind Krieg und Militär(un)wesen die allerletzten Felder, auf denen die Benachteiligung der Frau nachgewiesen werden kann oder die Macht des Mannes über sie. Kriegs- und Militärgeschichte demonstrieren von Beginn an den Missbrauch des Mannes durch den Mann mit reichlich Schützenhilfe und Gewinn von Frauen.

Die Geschichte des Missbrauchs beginnt nicht beim Heldentod – etwa beim Verrecken eines ganz durchschnittlichen Mittzwanzigers aus Milwaukee in einem Hinterhalt des Vietcong im Jahre 1970 irgendwo im Süden Vietnams. Selektion und militarisiertes Vortraining beginnen im Kleinkindalter und nicht in der Kaserne. Die psychisch-emotionale Einberufung des Kriegers beginnt viele Jahre vor der wirklichen Einberufung. Unter den Gesichtspunkten zukünftiger Nutzung gemustert werden Jungs ebenfalls lange vor ihrer realen «Musterung» – die übrigens in den allermeisten Staaten um den Globus eine entwürdigende Nutzfleischbewertung ist, die keine Frau widerspruchslos über sich ergehen lassen würde. Endlich reif dafür, muss sich das potentielle Kanonenfutter körperlich abprüfen lassen, ob es zum granatenvermanschten Fleischknäuel taugt oder nicht. Erinnern wir uns: Die frühe Musterung in der Sozialisation eines Jungen achtet auf möglichst geringe Schmerzempfindlichkeit, auf Disziplin, auf Mut, auf Kraft, auf Geschicklichkeit an der Grenze zur Selbstaufopferung, auf die Erfüllung von Beschützerfunktionen, auf Befehlshörigkeit, auf Durchsetzungsfähigkeit, auf erfolgsorientiertes Handeln. Der Missbrauch von Männern als personales Kriegswerkzeug bereitet auf die ganzkörperliche Prostitution des Mannes vor. Wird es militärisch Ernst, muss er seinen Körper in Gänze zur Verfügung stellen. (Gegenbeispiele ziehen nicht. In der israelischen Armee – oft als emanzipatorisch genannt – haben die Frauen im militärischen Ernstfall die *Wahl*, ob sie kämpfen wollen oder nicht. Sie entschieden und entscheiden sich, weise, fast immer dagegen.) Der männliche Körper, vorausgesetzt, er ist im richtigen Alter, taugt zur Verwendung durch andere. Männer sind so voll geschaufelt mit falschem Bewusstsein, dass sie hierbei Prostitution als «Dienen» verstehen und dieses Dienen als Beweis ihrer Kraft, ihrer Stärke, ihres Beschützerpotentials, ihres Männlichkeitsprivilegs ansehen.

Beispiel: 1943 wurde James Stewart, damals bereits arrivierter Schauspieler aus der Traumfabrik Hollywood, zum Kriegsdienst an die europäische Front gerufen. Als Pilot, später Kommandeur einer amerikanischen Bomberstaffel, die Einsätze über den Großstädten des Deutschen Reiches flog, gab er sich in Radio- und Wochenschau-Interviews geehrt, im vaterländischen Interesse handeln zu dürfen. Zumindest gab er dies vor, irgendwie halt doch heldenhaft lächelnd. Er kommentierte die Beschlagnahmung seines Körpers durch sein Land so: «I hope to be useful as a soldier of the U.S. of A.» Das war so, wie man es im besten Falle erwarten konnte. Ein Mann ist jederzeit bereit, für sein Vaterland zu sterben – zumindest, es zu riskieren. «Useful» heißt nützlich, und von Nutzen hoffte James Stewart tatsächlich zu sein. «Nutzen» lässt auf sachliche Bezüge schließen. Stewart wurde G.I. und durchlief die Entwicklung vom Menschen zur Sache. Das Kürzel G.I. steht für «Government Issue», also: «Staatseigentum».

Kein Studioboss Hollywoods erhob Einspruch. Etwa in dem Tenor, der Mann, der ist uns zu wichtig, um einfach so geopfert zu werden, der ist zu gut für das Filmgenre, als dass man ihn einfach so über Europa von der deutschen Flugabwehr abschießen lassen sollte. Nein, niemand versuchte, der Einberufung Stewarts zu widersprechen. Warum? Stewart war plötzlich wie jeder andere Mann: ein Rädchen im Getriebe, ein Nutzfaktor, ein «Issue» zur gefälligen Verwendung, ein Ding, eine Sache, ein Neutrum.

Um diese Degradierung zur Sache mit sich geschehen zu lassen, muss die Zurückstellung des Selbst, die innere Verhärtung bis zur psychischen Entstellung, der inneren Selbsttötung, bereits geleistet sein. Man könnte es erfolgreich verankertes Pflichtgefühl nennen. Aber man sollte es eher erfolgreiche Abrichtung nennen.

Krieger werden nicht geboren, sondern gemacht. Kulturanthropologisch hochinteressant dabei ist, dass es vollkommen gleich ist, ob sich dieser Prozess in Naturvölkern oder so genannten zivilisierten Gesellschaften vollzieht. Schließlich ähneln sich die Vorstellungen «wahrer» Männlichkeit und der jeweils für nötig befundenen Form ihrer Inszenierung gesellschafts- und kulturübergreifend ebenfalls in verblüffender Weise. Kollektives Abrichtungsziel ist jeweils, dass der junge Mann bereit ist, Leib und Leben für den Fortbestand seiner Gemeinschaft zu opfern. Punkt. Wie emanzipiert ein Land oder eine Kultur ist, «zeigt sich daran», so der US-Autor Warren Farrell, «inwieweit es Männer von der Pflicht befreit, Frauen» oder ihr Land zu schützen, «und Frauen dazu erzieht, in gleichem Maße wie die Männer zum Schutz der Allgemeinheit beizutragen».[46] Nicht zu reden vom Schutz von Männern.

Gemessen daran, zeigt sich die Welt kontinuierlich unemanzipiert. Sie richtet einseitig junge Männer ab wie Dobermänner, und die Mittel hierfür sind Gewalt und Brutalität. Etwa bei den Kriegern der Bimin-Kuskusmin: «Mit neun Jahren werden die Knaben der zärtlichen Obhut ihrer Mütter entrissen und in die erbarmungslos Welt der alten Männer gestoßen. Das ‹Wald-hütten›-Ritual bildet die erste Initiationsstufe eines zehn- bis fünfzehnjährigen Zyklus. Drei Wochen lang werden die Jungen gedemütigt, bedroht und brutal misshandelt. Jeder Tag bringt neue Schrecken und lässt die Novizen alle Gefühle zwischen panischer Todesangst und dumpfer Resignation durchleben. Manch einer begeht Selbstmord oder flieht in den Wahn. Wer durchkommt, hat sich verändert: Auf den Trümmern seines al-ten Ego ist eine neue männliche Identität aufgebaut worden. Ihr Fundament ist die Wut.» [47]

Sieht man sich den Krieg gegen Jungs und junge Männer schon im Frieden an, braucht man nicht zu fahnden nach dem War-um von eruptiv aufbrechender «männlicher» Gewalt, von Ge-walt im Alltag, in Familien, gegen Frauen, gegen Kinder, jenem Amok des Mannes, der zwischen der permanenten Überforde-rung, gewaltbereit für alles zu Schützende zuständig zu sein, und der emotionalen Wüstenei im Zwang der Selbstverleug-nung atemberaubend hart und unmenschlich wird. Der Getre-tene tritt um sich beim kleinsten Einbruch der Selbstbeherr-schung oder bei Wegfall der kodifizierten Aggressionslenkung. Wie bei abgerichteten Kampfhunden, die aller Erziehung zum Trotze («Das macht er sonst nie!») den Briefträger an der Kehle nehmen und wie eine fette Beute reißen, wundert sich eine ursachenblinde Gesellschaft auch über den Amok laufen-den Exsoldaten, der – abgestumpft und desozialisiert – ein Blutbad anrichtet unter harmlosen Caféhausgästen. Scheinbar grundlos, scheinbar übergangslos und unvermittelt. Abgerichtete Männer sind wie Zeitbomben. Zeitbomben aber lassen sich schärfen und wieder entschärfen. «Government Issues» auf zwei Beinen nicht.

Viel eher als zum Amoklauf tendiert das potentielle Staatseigentum Mann aber zur Selbstvernichtung. Seit dem Ende des Vietnam-Krieges im Jahre 1975 etwa haben mehr ehemalige amerikanische Vietnam-Soldaten Freitod begangen, als im Krieg selbst getötet wurden. Vorsichtige Schätzungen gehen davon aus, dass 20 Prozent aller amerikanischen Vietnam-Veteranen und 60 Prozent aller Soldaten, die in Vietnam an der Front gekämpft haben, zu Psychiatriefällen wurden[48]. Nur zwei Beispiele für die vernichtenden Konsequenzen des organisierten Männermissbrauchs in allen Gesellschaften. Gewalt gegen wen – diese Frage ist beantwortet. Die Ressource Mann wird benutzt, ausgeweidet, weggeworfen, ersetzt. Damit werden Männer gleich mehrfach benachteiligt, hinters Licht geführt und vom Leben fern gehalten: Vor dem Krieg werden sie psychisch wie physisch abgerichtet und emotional verstümmelt, während des Krieges haben sie die Chance, den Kopf zu verlieren; überleben sie den «Waffengang», wie er beschwichtigend heißt, sind sie desorientiert, gewalttätig, körperlich, geistig und seelisch versehrt. Allesamt hoch attraktive Lebensperspektiven für die «Machthaber» im «Patriarchat».

Wie sehr die Erziehung zur unbedingten Stärke, zur Selbstverleugnung und bedingungslosen Härte gegen sich selbst und andere nachwirkt und prägt, zeigt auch das Beispiel Erich Priebke. Der frühere SS-Hauptsturmführer hatte an dem berüchtigten Massaker in den Adreatinischen Höhlen bei Rom teilgenommen, bei dem 1944 als «Vergeltungsmaßnahme» der

Nationalsozialisten 335 Menschen hingerichtet wurden. Vor italienischen Gerichten musste sich der Soldat Hitlers dafür nach 1994 verantworten. Priebke, 1997 83 Jahre alt, wartete auf seinen zweiten Prozess als Gast des Klosters im Weinort Frascati. Die Franziskanerbrüder im Kloster sprachen mit ihm über die Tat, die so viele italienische Zivilisten das Leben kostete. Im wesentlichen blieb Priebke knallhart: «Es wäre leicht», sagte der schneidige Befehlsempfänger und -ausführer von einst, «jetzt Reue zu zeigen. Aber dann würde ich eine Schwäche zeigen. Und ich will nicht schwach erscheinen.» Schwäche gilt nicht nur als unsoldatisch, sie gilt als unmännlich. «Ein Mann muss sich wie ein Mann verhalten. Er muss immerzu kämpfen.» Prahlte Ernest Hemingway. Ein äußerst prominentes Opfer der Verwechslung der Begriffe, gibt es doch gar kein «mannhaftes» Verhalten, sondern nur Selbstverleugnung. Der Autor, der Angst «eine Form von Dummheit» nannte, die in dieselbe Kategorie wie Kontoüberziehungen, Geschlechtskrankheiten oder Süßigkeiten gehöre, hat dies lebenslang nicht begriffen, nicht begreifen können. Bis heute gilt der Literatur-Nobelpreisträger von 1954, der neun Jahre später konsequenterweise den einen Schritt von der Selbstverleugnung zur Selbstvernichtung ging, ja auch als Täter schlechthin («Sex, Suff und Safari» titelte der STERN über ihn) und nie als Opfer wahnhaft fehlgeleiteter Vorstellungen vom Mannsein[49].

Zurück zum Soldaten Priebke, zum Soldaten als solchem. Der Imperativ steter Stärke macht aus Männern Monster. Das Killer-Training führt zur Killer-Perfektion, die aber nicht, wie bei einer Maschine, nach Dienstschluss mit einer Schalterumlegung beseitigt ist. Die Nebenkosten der militärischen Abrichtung des Mannes trägt exakt jene scheinbar zivile Gesellschaft, die sich erlaubt, eine Kollektion an Tötungsfachleuten zu halten wie Panzerfahrzeuge oder Boden-Luft-Raketen. Männer bekommen Gefühle und Gefühligkeit ausgetrieben, dann töten sie die Liebe in sich, um Liebe, Zuneigung, Applaus und Renommee zu ernten: Der mit den spitzesten Ellbogen darf sich Held nennen, obwohl er sich als Mensch am allerwenigsten in der seelischen Balance befindet. So und nicht anders ermöglichte die gesellschaftlich organisierte Männerdressur seit jeher den Frauen «Zivilität» und «Friedfertigkeit». Feine Arbeitsteilung.

Der perfekte Soldat ist der entmenschte Mensch. Timothy McVeigh ist ein perfektes Beispiel. Der Bombenattentäter, der Jahre nach seinem Waffeneinsatz im Golfkrieg 1991 ein Hochhaus mitten in Oklahoma-City in die Luft sprengte, «war der perfekte Soldat»[50]. Die Tötungsmaschine McVeigh sammelt während der «Operation Wüstensturm» zur Befreiung des Scheichtums Kuwait viele militärische Auszeichnungen, weil sie ausgesprochen kalt, skrupellos und exakt arbeitete. «Der Mann hatte nicht viel Emotionen», erinnert sich ein Infanterist aus seiner Einheit. Etwa, wenn er mit Seelenruhe und den mit Erdschaufeln ausgestatteten Kampffahrzeugen irakische Soldaten in deren Schützengräben «beerdigte». Enttäuscht war McVeigh nach Ohrenzeugenberichten, dass sich so viele irakische Soldaten ergeben hatten. Und der Krieg so schnell zu Ende ging. McVeigh geriet im unerwünschten Frieden schnell außer Tritt. Nur noch destruktions-, aber nicht mehr friedensfähig, wie viele andere Soldaten auch, bedeutete das Fehlen von Feinden auch das Ende seines Verwendungsnutzens als G.I. und damit das Ende eines – ohnehin degenerierten – Selbstwertgefühls.

Weltweit geht der Männermissbrauch weiter. Meist achselzuckend quittiert, hingenommen von Frauen wie Männern, von den allermeisten als solcher überhaupt nicht erkannt. Frauen wissen es nicht und wollen es nicht wissen, mancher Mann weiß es zu gut und hält den Mund, die allermeisten Männer missdeuten ihre Verdinglichung und Entindividualisierung im militärischen Kontext als eine Machtposition.

«Dedowschtschina» treibt jährlich Tausende Rekruten der russischen Armee in den Tod. «Dedowschtschina» – so heißt das brutale Kastensystem der Herrschaft der Älteren über die Jüngeren und Jüngsten – die Wehrpflichtigen – in der russischen Armee. Zu Zeiten der Sowjetunion war es nicht anders. Die Armee als Staat im Staate gewährleistet ein System gesellschaftlich unbeaufsichtigter Erniedrigung und Vergewaltigung, Quälung, Abrichtung und Tötung junger Männer. Die russische Gesellschaft nimmt es Jahr für Jahr hin, dass mal 5000, mal 7000, mitunter auch 10 000 Rekruten pro Jahr ums Leben kommen[51]. Nicht beim Einsatz in Krisenherden, nicht beim Feindkontakt, sondern mitten im eisig grausamen «Frieden» hinter den Kasernentoren. In einem offenen Brief «An die Bürger Russlands» schrieben die so genannten Soldatenmütter im Sommer 1997: «Eine Armee, in der getötet und vergewaltigt wird und wo kannibalische Praktiken herrschen, ist nicht nur für die russische Gesellschaft gefährlich, sondern für die ganze Welt.»[52]

Armeen sind immer lebensgefährlich. Überall. Auch in «Friedenszeiten». Denn in der Armee herrscht Krieg. Und zwar fast ausschließlich gegen junge Männer. Auch in Demokratien wie in Großbritannien. Da brauchte es, wie dpa im August 1997 meldete, einen Befehl von ganz oben, weil immer weniger der Berufssoldaten Ihrer Majestät auch nur die Grundausbildung durchhielten. Befehlsinhalt: Feldwebel sollten Neulinge nicht mehr so anschreien, wie dies im britischen Drill üblich war. Der Sprecher des Verteidigungsministeriums in London: «Es hat zu viele Verletzungen von Rekruten, zu viele Berichte über körperliche Zusammenbrüche, Brutalität und Einschüchterung gegeben.»[53] Symptome erkannt, Syndrom aber nicht. Die Krankheit lebt also fröhlich weiter. Auch die Hilfsorganisationen in Russland nennen als «Todesursachen» für das Männersterben in russischen Kasernen verharmlosend nur die schikanöse Behandlung junger Soldaten und die unzureichende Versorgung. Alles Papperlapp: Todesursache ist eine unversöhnliche Gesellschaft, die Frauen, Alte, Kinder, Lesben, Homosexuelle, Transvestiten, Allergiker, Kranke, Behinderte, Vögel, Amphibien, Reptilien, Insekten und indische Tiger für Opfer hält, aber ganz bestimmt nicht junge Männer.

Sinnigerweise heißt der Fonds, der sich um das tödliche Schicksal der Rekruten in Russlands Kasernen kümmert, «Fonds für die Rechte der Mütter». Diese beanspruchen das Recht, von den Armeedienststellen wahrheitsgetreu über den Tod, die Erkrankung oder gar den Verzweiflungs-Selbstmord ihrer Söhne unterrichtet zu werden. Sicher, das ist ein Recht. Aber über das Recht, seelisch, geistig und körperlich heil über eine Zwangs-Dienstzeit, die eine Gesellschaft nach Geschlecht zuweist, hinwegzukommen, wird keine Sekunde lang debattiert. Immerhin handelt es sich bei den bis zu 10 000 Toten jährlich nicht um Freiwillige, die mal eben hübsch Krach und Krawall in Uniform inszenieren wollen. Es handelt sich um Geschickte, um «Gezogene». Wie Eltern es in manchen Ländern schaffen, ihren Sohn am Kasernentor abzugeben wie einen Schraubenschlüssel zur gefälligen Verwendung, muss ein Rätsel bleiben.

Für die Frauenbewegung ist das Thema keines. Männer kümmern sich nicht um das Thema, weil sie ja die Macht haben und weil es sich im Grunde so gehört, wie es läuft. Mütter, ob in China, Russland, Amerika oder Chile, freuen sich gar über die Sozialerziehung ihrer Söhne im Männerkollektiv. Sie stehen – sozusagen – vollkommen im Dunkeln und reden vom Licht. Wenn sie ihre Töchter sähen, gepackt in einen seltsam olivgrünen Drillich, keine oder nur wenig Haare auf dem Kopf, grobe Stiefel am Fuß, tief gebeugt überm stinkenden Plumpsklo, dies mit einer Zahnbürste und ohne Putzmittel zu reinigen – beliebte soldatische Strafe: Latrinenputz auf der Höhe der Zeit –, würden sie aufheulen und sagen: Jetzt ist sie übergeschnappt, jetzt spinnt sie endgültig! Und sie würden jammern: Wie sie aussieht! Oder sie würden klagen: Die Arme! Wenn junge Männer in Kiew Latrinenputz besorgen in der geschilderten Weise, tun sie das, weil sie im großen Gewinnspiel des «Patriarchats» das große Los der Woche gezogen haben: Macht!

Bis zu zehntausend tote Rekruten im Jahr. Nur in einem Land. Und denken wir uns mal, dass die Situation grundsätzlich – beispielsweise – in Marokko, in Bolivien, in Guatemala oder im Sudan nicht vollkommen anders aussieht. Wäre die Welt so ruhig, wenn es sich um junge, dienstverpflichtete Frauen handelte? Wäre die Welt so ruhig, wenn so viele Frauen – etwa von einem verpflichtenden «sozialen Jahr» – einfach nicht wiederkehrten? Würde diese Opferquote an Unschuldigen nicht als erster Beweis dafür ins Feld geführt, wen Gewalt trifft, wer das Fell hinhalten muss, wer draufzahlt und wer profitiert? Antwort: Ja. Aber die Welt geht ganz ruhig darüber hinweg. Männliche Ganzkörper-Prostitution ist normal. Und seit dreißig Jahren stellt sie die Frauenbewegung auch erfolgreich als eine von Männern gesuchte, darüber hinaus geradezu verbissen gegen Frauen verteidigte Gewinnlerrolle hin.

«Viele junge Männer zieht es zum Dienst in die Bundeswehr» lautet im Juli 1997 die Schlagzeile in deutschen Printmedien [53]. Das vertraute Bild: Was pure Not ist und der Perspektivenarmut entspringt, wird vermittelt als eine Möglichkeit von vielen, die junge Männer – privilegiert eben – ergreifen können. Ein vertrautes Bild. Wenn die Gesellschaft keine Arbeit mehr verteilen kann, verkauft der junge Mann halt wieder vermehrt sich selbst. An den Staat. An alle. Ganz normal. Regt niemanden auf. Wenn die Diskussion aber das Thema «Frauen und Bundeswehr» streift, dann machen Frauenzeitschriften in ganz Deutschland mobil. Sonderbeilagen regnet es, Diskussionsforen, juristische Fundamentaldebatten. «Das Thema ‹Frauen an die Waffen› wird zur Zeit mit beängstigender Leidenschaft diskutiert», vermerkt dazu beispielhaft das erschrockene «Journal für die Frau» [54]. Treuherzig rammt es Pflöcke ins gefährlich aufgeweichte Diskussionsgelände: «Kämpfen und Töten möchte keine Frau!» So was. Zum Glück wollen das ja die Männer.

Und noch was: Das «Magazin für soziales Handeln» heißt «Sozial-Courage» und wird vom Deutschen Caritasverband herausgegeben. Dieses bei Frauenbelangen intensiv mitfühlende Magazin titelt im Januar 1997 so: «Frauen bezahlen den Krieg. Immer.» Durchatmen! Auch auf diesem Themenfeld also wurde in der Opferfrage für Klarheit gesorgt. Blindheit durch heftige Augenwischerei.

KAPITEL 4

Männer – die Idioten für alles:
Die «Hälfte des Himmels»?
Wie wär's mit der Hälfte von
Müllabfuhr und Kanalreinigung?

Abwesenheit und Anwesenheit sind wesentliche Kategorien in der «patriarchalen» Arbeitsteilung und damit auch für
das Geschlechterverhältnis. Nehmen wir mal den Lebensraum
Partnerschaft, Familie, also Leben mit Kindern ins Visier. Beim
Auftauchen von allen für die familiäre Lebensführung wichtigen Fragestellungen anwesend zu sein und sich für ihre Klärung und Entscheidung Zeit nehmen zu können ist fast als
Privileg zu definieren. Wer nicht da ist, kann nicht Anteil
nehmen, wer nicht da ist, steht daneben, verpasst es, Einfluss
zu nehmen, kann nicht mitentscheiden. Männer sind als Familienväter oft nicht da. Zumindest nicht da, wo die finanziell,
emotional und psychisch-atmosphärisch wichtigsten Entscheidungen fallen: zu Hause. Männer sind nicht da. Sie sind irgendwo weg. Aber wo sind sie?

Dieses Themas nahmen sich auch viele fortschrittliche Buch-
verlage an, die in den achtziger Jahren alle miteinander Frauenbücher, Frauenbuchreihen, Frauenpublikationen und Frau-
in-der-Gesellschaft-Serien auflegten. Eine tolle Zeit. In den
Magazinen zu diesen Buchreihen, in Werbebeilagen und Zu-
führartikeln wurden «Frauenwelten» geschildert. Mitunter so-

gar, was typischerweise darin fehlt: Männer. Das Werbemagazin des Rowohlt-Verlages stellte 1997 neue Frauenbücher so vor: «Starke Frauen, freche Bücher: Pia Frankenberg, Francine Prose und Milena Moser erzählen mit viel Witz und Scharfsinn Geschichten aus einer exotischen Welt: dem Frauenalltag.» Es geht also exotisch zu. Immerhin. Beispielsweise so: «Zur richtigen Zeit am richtigen Ort: Vormittag, kurz nach 11 Uhr bei Rosa im Supermarkt oder in irgendeinem unterbezahlten Job, nachmittags mit Marion Meierhans strickend am Kinderspielplatz und, egal zu welcher Tages- und Nachtzeit, auf einen kleinen Sherry bei Lotti. Nur die Männer sind immer gerade ganz woanders.»

Die irgendwo senkrecht in der Luft stehen bleibende Frage, wo sie denn nun sind, die Männer, wird im Folgenden leider nicht aufgeklärt. Die geneigte Leserin hat allerdings ausreichend Anlass, blitzschnell zu assoziieren: Männer? Nicht da? Wo sind die wohl: Kneipe, Fitnesscenter, Fußballplatz, Bordell. Wo sonst.

Stimmt aber nicht. Die Männer sind, ganz banal, bei der Arbeit. Das kann an jedem Wochentag schlüssig nachgeprüft werden. Nicht etwa nur in den Werkhallen und Büros, nicht etwa nur bei Rosa im Supermarkt, sondern am «Vormittag, kurz nach 11» in jeder beliebigen Fußgängerzone jeder beliebigen Stadt. Machen Sie die Probe aufs Exempel: Laufen Sie achtsam, mit ganz weit geöffneten Augen durch Ihre Stadt, kurz nach elf. Frauen jeden Alters sind unterwegs, Vorschulkinder und die Senioren. Männer im besten Verwendungsalter sind nicht anzutreffen – höchstens als nicht Verwendungsfähige (obdachlos, arbeitslos, invalide) oder als Angestellte, die an und in der Fußgängerzone arbeiten. Die eigentliche Insinuation von «Männer sind immer ganz woanders» ist aber die, dass sich Männer immer irgendwie um was herumdrücken: Nicht da sein, woanders sein, das «würgt» den «Kerlen» so richtig eins rein, aber schließlich ist das konkrete Opferperspektive und außerdem klingt es schließlich auch viel giftiger, als zuzugeben, dass die Männer «bei der Arbeit» sind und gerade die Kohlen hereinholen für Marion Meierhans samt Söhnchen, Töchterchen und Hündchen. Und letztlich auch für den Sherry bei Lotti. Aber es wäre zu ehrlich, zu banal, das so kundzutun. Andersherum wirkt es doch viel knackiger, «frecher», richtiggehend «stark». Und das freut die «starken» Frauen und die wenigen verbliebenen schwachen. Weil sie ja doch die ganze Arbeit machen, wie wir von der Frauenbewegung wissen. Allerdings reicht es noch zu einem Sherry bei Lotti – «egal, wann».

«Männer lassen lieben» heißt ein Klagebuch zur Liebesarbeit, die Männer bekanntlich immer und ausnahmslos liegen lassen. Aber auch alle andere Arbeit lassen sie links oder rechts liegen. «Claudia Pinl», klärt ein anderer Verlagsprospekt auf, «bleibt die Antworten auf die beiden entscheidenden Fragen nicht schuldig: Warum sind die Männer so faul? Und: Was können die Frauen dagegen tun?» Ich drehe das forsch um und sage: Der wunderschöne Aufklärungstitel «Das faule Geschlecht – Wie Männer es schaffen, Frauen für sich arbeiten zu lassen» traut sich keinesfalls, die entscheidenden Fragen zu beantworten. Die Antworten fielen zu bitter aus. Das lässt Frau Pinl lieber. Und manche in der Frauenbewegung scheinen das auch zu wissen. Die zweite, ja dritte Generation nämlich, die Jüngsten der Bewegten. «Görls – die neue Mädchenzeitung» etwa summiert das ständige Schaffen, Machen und Wüten der Männer unter anderem so: «Umweltzerstörung, Wachstum, Profit, Transrapid, Massentierhaltung – kein Wunder, dass gesunde

Rinder dabei wahnsinnig werden.» Nicht nur, dass Männer hier ursächlich mit der Rinderseuche BSE in Verbindung gebracht werden, nein, hier wird urplötzlich auch klar, ganz im Widerspruch zu den Einsichten von Frau Pinl: Männer sind ja gar nicht faul! Im Gegenteil, die sind für alles verantwortlich, weil sie alles machen, und darüber hinaus machen sie auch alles kaputt. Frage: Wo waren die Frauen in der Zeit, als die Männer alles kaputtmachten und die Rinder in den Wahnsinn trieben? Bei Rosa im Supermarkt, beim Sherry bei Lotti oder auf dem Kinderspielplatz?

«Die Ausdauer», formuliert Constanze Kleis in eigener Kolumne wie Sache[55], «mit der Frauen sich nichts, aber den Männern alles verzeihen, hält die Welt überhaupt erst im Lot.» Von welchen Frauen redet sie? Und von welchem Lot? «Frauen sind so», fährt Kleis kokett fort – denn sie redet über andere und nicht über sich selbst –, «sie schenken sich nichts und Männern dafür jeden nur denkbaren mildernden Umstand.» Falsch, Frau Kleis. Der Hase hoppelt exakt andersherum. Zeitgeisttypisch schenkt Constanze ihrem Geschlecht alles und entzieht Männern jeden mildernden Umstand. Das kann man machen, wenn knapp hinter der Argumentation die stichhaltigen Beweisführungen bereitliegen. Wenn nicht, kann man es auch machen, aber dann fällt halt auf, dass alles nur getürkt ist.

Gewiss: Männer sind für (fast) alles verantwortlich. Umgekehrt gilt aber auch: Männer machen (fast) alles. Männer sind die Idioten für alles. Sie erledigen nicht nur beinahe sämtliche Arbeiten außer Haus, sondern im und außer Haus auch die schmutzigsten, gefährlichsten, schwersten und schlechtest beleumundeten. Das stete Bombardement aus feministischen

Kreisen, dass Frauen ja zwei Drittel der gesellschaftlich notwendigen Arbeit leisten würden – einschließlich Sherry bei Lotti –, ist statistisch ohne große Mühe gegenzubeweisen. Besser gesagt: Es wäre gegenzubeweisen, wenn es die Öffentlichkeit wahrnähme oder goutieren würde, wenn sie Fakten ernst nähme. Aber sie tut es nicht, weil sie Jahrzehnte gefüttert wurde mit ideologischem Erbsenzählen. Studien, «nach denen Frauen den größeren Anteil der Hausarbeit und der Kinderbetreuung leisten, kommen zu dem Schluss: Frauen haben zwei Berufe, Männer einen. Doch das ist irreführend. Absehend von einer eingehenden Bewertung der Qualität und Schwere der Arbeit gilt: Frauen arbeiten mehr im Haus, Männer außer Haus. Im Durchschnitt hat der Mann längere Anfahrtswege und verbringt mehr Zeit mit Gartenarbeiten, Malerarbeiten, Reparaturen ... Was kommt heraus, wenn alles zusammengezählt wird? Eine Studie der Universität von Michigan (veröffentlicht 1991 im ‹Journal of Economic Literature›) belegt, dass ein Mann im Durchschnitt einundsechzig Stunden pro Woche arbeitet, eine Frau sechsundfünfzig.»[56] Ist das eine neuere Entwicklung? Nein. 1975 stellte die größte landesweite Zufallsuntersuchung amerikanischer Haushalte fest, dass – die Kinderbetreuung, alle Hausarbeit, die Arbeit außer Haus, die Wegzeiten und Gartenarbeit zusammengenommen – Ehemänner 53 Prozent der gesamten Arbeit verrichten, Ehefrauen 47 Prozent.

Der definitorische Imperialismus der Frauenbewegung ist, dessen ungeachtet, erfolgreich. Das zeigt sich auch in der Übernahme von Opfer-Ideologien durch Menschen, deren geistiges Potential durch diese Übernahme eher beleidigt wird. Nehmen wir ein Beispiel, ein berühmtes: den Beatle, den Ex-Beatle, die spätere Pop-Ikone John Lennon. Das Lied «Women is the nigger of the world» schrieb er zusammen mit Yoko Ono im Jahre 1972. Die Frau wird darin pauschal als «Sklave der Sklaven» beschrieben. Sie soll die Kinder aufziehen, soll hübsch sein, wird als kosmetisch geschöntes Äffchen vorgeführt. Sie sei ein Geschöpf, deren Willen, frei zu sein, früh gebrochen werde, die immer dumm und doof gehalten werde – um sie bequem beherrschen zu können. Bemerkenswerterweise (1.) richten sich manche Zeilen direkt ans männliche Publikum. Da wird, um Bestätigung für das Behauptete heischend, der Rat gegeben: «If you don't believe me, take a look at the one you're with.» Bemerkenswerterweise (2.) ist vom Kinderkriegen und -aufziehen die Rede, von der Abrichtung zum Tanzen und Schminken, von Abhängigkeit, aber nicht eine einzige kleine Sentenz lang von der Arbeit gegen Geld, von einem Job, der das eigene oder gar das Leben anderer finanzieren könnte. Allerdings ist dies auch als Realitätsnähe auszudeuten, zumal im Jahre 1972. Ansonsten bleibt das makabre Lied alle Nachweise für seine Neger-These schuldig. Es baut seine Entrüstung am Schein auf, nicht am Sein. Kinderkriegen, Tanzen, Schminken – sind das Indikatoren für Unterdrückung, fürs Versklavtsein? Immerhin geht dann ja wohl immer noch irgendein Knecht arbeiten, um Sklavin, Kind, Tanzschuhe und Schminkkoffer zu finanzieren. Seltsamer Sklavenhalter. Seltsamer Patriarch. Ein Trottel.

Anderes fällt noch mehr auf. Lennon schreibt dieses Lied mit Yoko Ono und vertritt die damit transportierte Geisteshaltung blind. Dabei ist die These, die Frau sei der «Neger der Welt» in dem Teil der Welt, in dem das Lied gesungen und bestens verkauft wurde, am weitesten weg von der Realität. Der Neger der Welt? Wer die Diener- und wer die Sklavenrolle innehat, lässt sich etwa für das Geschlechterverhältnis des 20. Jahrhunderts im Handumdrehen invers formulieren. «Wenn Männer wirklich Sklavenhalter wären und Frauen Sklavinnen, warum zahlen dann Männer ein Leben lang» (und mit ihrer Pension im Idealfalle noch über den Tod hinaus) «für die ‹Sklavinnen› und die Kinder der ‹Sklavinnen›? Warum zahlen stattdessen nicht die Frauen für die Männer, so wie Könige von ihren Untertanen finanziert werden?»[57] Außerdem: Es gibt kein Beispiel in der Historie für eine Gruppe, die es wagte, sich als «versklavt» zu definieren und gleichzeitig zwischen 52 und 54 Prozent der Wahlberechtigten stellt in formal wie substantiell funktionierenden Demokratien.[58]

Interessant, wenn auch zusätzlich verwirrend wirkt die Tatsache, dass der Sklavenhalter so viel zur Entlastung des Arbeitsalltags seiner Sklaven erfindet – ausschließlich zu deren Nutzen, also wirksam werdend in den Arbeitsfeldern ihres Sklavenstatus. Historisch ein absolutes Novum für Sklavenhalter.

Sehen wir uns dazu den «weiblichen» Kompetenzbereich Heim und Herd an. Holz holen, Öfen heizen, kehren, putzen, polieren, Gartenobst ernten, einmachen, Vorräte anlegen, Waschen im Bottich oder am Fluss mit dem Waschbrett, lufttrocknen der Wäsche, bügeln mit dem heißen Eisen (später kohlegefüllt), flicken, stopfen, nähen, schneidern, einkaufen (zu Fuß, nicht mit dem Caravan), kochen (Kohle), Geschirr spülen – und so weiter und so fort: Ein paar Stichworte aus dem Haushaltsalltag der Hausfrau zu Beginn des 20. Jahrhunderts – um nur die technischen Vorgänge der Haushaltsführung zu benennen.

Sicher ist: Hausarbeit dieser Couleur findet heute in den Ländern der Nordhalbkugel kaum mehr statt, der verbleibende Rest der Haushaltsarbeit wird mehrheitlich von Frauen verrichtet, wobei sie ihn – und nicht nur als Single – auch für sich selbst verrichten, keinesfalls nur gönnerhaft für andere. Sicher ist auch, dass so genannte «männliche» Technik spätestens seit Beginn dieses Jahrhunderts beinahe sämtliche Verfahrensweisen der Hausarbeit revolutioniert und schneller, leichter, besser, weniger gefährlich gemacht hat. Sicher ist, dass alle Hausarbeit heute in einem durchschnittlichen Haushalt in einem Bruchteil der Zeit erledigt werden kann wie noch vor 50 oder gar 100 Jahren. Sicher ist, dass dieser Zeit- und Sicherheitsgewinn alleine der Frau zugute kam, die gleichzeitig nicht mehr in einem Fünf- bis Zehnkinderhaushalt Regie führt, sondern dem Ein- bis Zwei-, ganz selten schon dem Dreikindhaushalt vorsteht. Sicher ist, dass sowohl die technischen Erleichterungen als auch die Veränderung der Familiengröße den Arbeitsplatz Haushalt und Familie in seiner Attraktivität immens gesteigert haben. Sicher ist, dass dieser Arbeitsplatz entgegen den allermeisten «männlichen» Arbeitsplätzen freizuhalten ist von permanenter Zeit- oder Terminfestlegung, von direkter personeller Hierarchie, also von Abteilungsleitern oder Chefs, von Appetitlichkeiten wie Mobbing oder ständiger Ergebniskontrolle. Sicher ist auch, dass, wenn heute eine Frau mit einem Mann zusammenleben will und Kinder kommen sollen, sie sich unter gesellschaftlich breiter Akzeptanz drei Möglichkeiten von Zukunft zurechtlegen kann: 1. Möglichkeit: Vollzeitarbeit mit delegierter Kinderbetreuung. 2. Möglichkeit: Vollzeitmutter. 3. Möglichkeit: halb Berufstätigkeit, halb Familienarbeit. Sicher ist auch, dass die allermeisten (Ehe-)Männer aus den verschiedendsten Ursachen heraus – und eindeutig gegen den statistisch vielfach konkret nachgefragten Wunsch werdender Väter[59] – nur von einer Variante von Zukunft ausgehen: Vollzeitarbeit, eventuell geschmückt mit einem Mehr an Überstunden, weil die Ansprüche der Familie wachsen. Sicher ist, dass

Wahlmöglichkeiten vorzufinden und gesellschaftlich eingeräumt zu bekommen etwas mit Privilegiertheit zu tun hat. Und
nicht mit Sklaverei.

Aber die Frauen drängen doch in den Beruf, höre ich jetzt.
Richtig. Also bitte gleich genau hinschauen. Die sieben häufigsten Lehrberufe, die von jungen deutschen Frauen gewählt
oder gewünscht werden, sind folgende [60]:

1. Bürokauffrau
2. Arzthelferin
3. Einzelhandelskauffrau
4. Zahnarzthelferin
5. Friseurin
6. Industriekauffrau
7. Bankkauffrau.

Das sind allemal schnieke, schöne, wenig schmutzige und zudem ungefährliche Arbeiten, und es sind Arbeiten mit einem
zumindest soliden, maximal sehr guten Ruf. Man stelle sich die
junge Frau vor, die sagt: Ich will Dachdeckerin werden, KfZ-
Mechanikerin sein oder als Heizungs-Installateurin arbeiten.
Zumindest die Hände würden dreckig.

Und was «wollen» die jungen Männer? Im Wesentlichen
«wollen» sie Schmutz, Gefahr, Gestank, Lautstärke und Ge-
sundheitsgefährdung:

1. Kfz-Mechaniker
2. Maurer, Hochbau-Facharbeiter
3. Tischler, Holzmechaniker
4. Elektroinstallateur
5. Maler, Lackierer
6. Industriemechaniker
7. Gas- und Wasserinstallateur.

(Zum Vergleich: Der Einzelhandelskaufmann belegt bei den jungen Männern Platz 9, der Industriekaufmann belegt Platz 10, der Bankkaufmann die 12). Außerdem melden die Einstellungsberater der Polizei ein erhebliches Interesse für den Beamtendienst in ihren Reihen. Aber aufgepasst: 15 Prozent der jungen Frauen wagen einen Blick in die Ausbildung zum Streifenpolizisten, 85 Prozent fragen konkret nach einer Stelle als Kommissarsanwärterin. Streifendienst ist Drecksarbeit, renommeefrei, also – männlich. Viele Frauen praktizieren weiter die Pseudo-Emanzipation einer Senta Berger, die offen zugab: «Ich bin ein bisschen emanzipiert, wenn meine Spülmaschine läuft. Ist sie kaputt, dann sieht's anders aus.»[61] Dann kommt der Idiot für alles, ein Mann mit Beruf Elektroinstallateur und macht Männchen. Der Sklavenhalter.

Frauen werden immer in die schlecht bezahlten Berufe abgedrängt mit schlechten Aufstiegschancen und – selbstredend – schlechten Arbeitsbedingungen? Papperlapapp: Von den 25 qualitativ miserabelsten Jobs auf dem Arbeitsmarkt in Nordamerika beispielsweise sind 24 reine Männerjobs[62]. Diese Berufe werden von Männern ausgeübt, «weil sie im Allgemeinen mehr Münder zu füttern haben»[63], weil Vorbildung und Ausbildung nichts anderes erlauben auf dem Arbeitsmarkt und weil sie aus beiden Gründen heraus nehmen müssen, was da ist – nicht jedoch, weil Männer vernarrt darauf wären, sie auszuüben.

Bleiben wir doch mal bei einem wie Beppo. Beppo Straßenkehrer ist einer der Freunde von Momo. «Momo» heißt Michael Endes mit Preisen überschüttetes und mit Geschlechtsspezifika gespicktes Jugendbuch. Beppo kann nur ein Mann sein. Schon, wie er lebt! Er «wohnt in der Nähe des Amphitheaters in einer Hütte, die er sich aus Ziegelsteinen selbst zusammengebaut hatte. Er war ungewöhnlich klein und ging obendrein immer ein bisschen gebückt.»[62] Offensichtlich ist seine Arbeit frei von irgendeinem Nimbus und ebenso frei von irgendwelcher weiblicher Konkurrenz. Straßenkehrer ist ein solcher Beruf. Männer ergreifen ihn, obwohl er keine hohe Karriereleiter bereithält. Dazu ist es ein klassischer Draußenberuf. Fast alle Draußenberufe sind Männerberufe. Regel: Je mehr eine Arbeit den Unbilden der Witterung ausgesetzt ist, desto wahrscheinlicher führt sie ein Mann aus. Männer haben einfach dickere Haut. Wahrscheinlich nehmen es die Beppos der Welt auch locker hin, dass ihre Arbeit zwar als unverzichtbar gilt zur Aufrechterhaltung eines gewissen Maßes öffentlicher Sauberkeit, dass sie selbst aber vollkommen ohne Gesicht bleiben, anonym.

Schauen Frauen auf die Beppos der Welt herab? Alle Frauen sollten sich kritisch prüfen, ob sie – beispielsweise – einen Straßenkehrer überhaupt als Mann wahrnehmen. Oder nur als Kehrbesenträger. Sehen sie zu ihm hin und mustern ihn als einen eventuellen Zukünftigen? Sehen sie zu ihm hin, weil er gut ausschaut, sich sexy bewegt da am Straßenrand? Weil er hübsch gekleidet ist, etwas Nützliches tut, weil er in der Stadt bekannt ist und man mit ihm an der Seite so richtig angeben kann? Weil er viel Geld macht und viel Macht hat? Weil er einem das Häuschen im Tessin wahr macht und diesen italienischen Roadster?

Nein, Frauen sehen bei Männern, die «nichts» sind oder haben, einfach weg. Frauen nehmen Männer nur wichtig, wenn es sich um wichtige Männer handelt oder wichtigtuerische. Frauen suchen unwillkürlich nach Männern mit Macht, Einfluss, Krawatte, Anzug, Brieftasche und Reputation, mit Namen und Position. Irritierend, wie Frauen, die der Frauenbewegung nahe stehen, in scheinbar unbeobachtetem Moment über Männer reden, die eine «gute Partie» hergeben würden. Solche Männer erinnert die bewegte Frau, die bemerkt sie, denen schaut sie ins Gesicht, die nimmt sie wahr und, wichtig, an denen misst sie sich und ihr Geschlecht. Diese Männer des Erfolgs werden zum Existenzbild des Mannes schlechthin generalisiert, um diesem dann das Gruselbild einer hoffnungslos versklavten, nur niedere Arbeiten verrichtenden Frau entgegenzuhalten. Wenig wunderlich, wer in der so aufgebauten Konstellation schlechter aussieht. Im Angesicht der deprimierenden Resultate aus dieser hingebogenen Dichotomie wird dann gegen die derartig privilegiert Erscheinenden heldenhaft der Kampf aufgenommen. Imaginierte Feinde, so viel steht fest, sind einem die teuersten. Derweil weiß der Idiot für alles, der mit dem Besen am Straßenrand herumstaubt – sei es Beppo, Anton, Erich oder Giuseppe –, gar nicht recht, was Sache ist.

Frauen fordern unbedingt die Hälfte von allem, die Hälfte des Himmels, die Hälfte der oft scheinbaren Privilegien, die Hälfte des Geldes, die Hälfte der Macht und so weiter. «Wo man hinguckt», fasst es diesbezüglich Kirchen- und Gesellschaftskritikerin Uta Ranke-Heinemann in Worte[65], «sind die Männer oben und die Frauen kommen allenfalls mit dem Staubsauger in die oberen Etagen.» So ist es: Die Frauen schielen nach «oben», nach dem verführerisch aufblitzenden Gold, nicht nach dem Blech weiter unten. Als ob da hinauf zum Gold nicht auch 97 Prozent der Männer hinschielten. Wie wär's, die Frauen mal gegengefragt, mit der Hälfte der Kanalreinigung? Oder mit der Hälfte von Hoch- oder Straßenbau? Oder mit der

Hälfte von Freiheit und Abenteuer – als da wären die Polizei, die Feuerwehr, die Personenschützer, die Dachdecker, Baumaschinenfahrer, Schweißer, Lastwagenfahrer, Holzarbeiter, Lagerarbeiter, die in den Schlachtereien, auf den Ölfeldern, in den Minen und Bergwerken? Oder auch nur bei Beppos Müllabfuhr?

Warren Farrell hat in seiner Heimatstadt San Diego einfach mal nachgefragt. Normalerweise fragt man bei so was nicht nach. Schließlich kommt «die Müllabfuhr», es kommen ja nicht «die Männer» von der Müllabfuhr, obwohl sie doch ganz oft – und von den Frauen ganz hinreißend liebevoll – zu Müllmännern verkürzt werden. «Ein Müllmann», erfuhr Farrell, «hat ein zweieinhalbfach größeres Risiko, im Dienst getötet zu werden, als ein Polizist, und 70 Prozent aller Männer bei der städtischen Müllabfuhr von San Diego haben im Jahr einen Arbeitsunfall.»[66] Irgendjemand deswegen beunruhigt?

Wenn Arbeiten gefährlich werden bis hin zur Kategorie der «Todesberufe», dann werden diese Arbeiten zu fast 100 Prozent reine Männerberufe. Männer erleiden die allermeisten Arbeitsunfälle, in den USA sind beispielsweise 95 Prozent aller tödlich verlaufenden Arbeitsunfälle «männlich». Auch invalide zu werden ist zu allermeist «männlich». Statistisch vereinfacht, verliert in den USA zu jeder Arbeitsstunde ein Bauarbeiter sein Leben. Man muss also keineswegs im Uran-Bergbau arbeiten, um als Mann früh zu Tode zu kommen. Es genügt die Nahrungsmittelindustrie. Auch da hat Farrell näher hingeschaut: «Als ich im Supermarkt Hühnerbrust aussuchte, war mir die schlechte Behandlung der Hühner stärker im Bewusstsein als die schlechte Behandlung der Arbeiter, die die Hühner zerlegen. Von den 2000 Arbeitern, die in der Morrell-Fleischfabrik arbeiten, verletzen sich in einem Jahr 800. Einige dieser Arbeiter machen 1000 Schneid- und Hackbewegungen in der Stunde. Bei einer jährlichen Wahrscheinlichkeit von 40 Prozent, sich die Hand zu verletzen, war eine Verletzung nur eine Frage der Zeit. Bei Morrell sind fast 90 Prozent aller Arbeiter, die in den Jobs mit den größten Risiken arbeiten, Männer. Dutzende hatten Operationen, die ein bis zwei Monate gebraucht hätten, um auskuriert zu werden, stattdessen wurde von den Männern verlangt, dass sie sofort nach der Operation wieder bei der Arbeit erschienen.

Als ich das Gemüse aussuchte, stand für mich selbstverständlich fest, dass ich all das gespritzte Gift, das dem Gemüse das schöne Aussehen gab, abwaschen würde. Jetzt dachte ich plötzlich an die Männer, die ihr Leben lang das Gift einatmeten, wenn es ihnen in den Flugzeugen und auf den Traktoren, mit denen sie es versprühten, ins Gesicht blies.

Ich hatte die Landwirtschaft immer für einen ziemlich risikolosen Beruf gehalten, in dem Männer und Frauen ‹Seite an Seite› arbeiten. Das war ein Irrtum. Den Bergbau ausgenommen, hat die Landwirtschaft die höchste Todesrate von allen Industrien. Junge Männer haben ein vierundzwanzigmal höheres Risiko als junge Frauen, bei der landwirtschaftlichen Arbeit umzukommen. Sie büßen auch mit höherer Wahrscheinlichkeit einen Arm, ein Bein oder einen Finger ein. In Wirklichkeit arbeiten Männer und Frauen nicht ‹Seite an Seite›. Männer arbeiten da, wo die Gefahren am größten sind, Frauen da, wo die Sicherheit am größten ist.»

Männer machen alles. Und wenn kluge Frauen da die hübschen schmalen Schultern zucken und sagen: «Das machen die doch freiwillig – zwingt sie doch niemand», dann resultiert das nicht nur aus dem Wegwischen der einfachen Frage, wer es

denn bitte sonst machen soll, sondern auch aus der feminis-
tisch-modernen, dennoch klassischen Missachtung aller Zwänge, die auf einer männlichen Biographie lasten. Meist unausgesprochen. Wenn Männer nicht per Gesetz oder Ritual zum To-
desdienst abkommandiert werden, dann fühlen sie sich ganz
massiv psychisch «einberufen», immerfort genötigt und ver-
pflichtet: Den schwersten Koffer zu tragen, das größte Stück
Wild zu erlegen, die meisten Äpfel vom Baum zu pflücken, die
unangenehmsten Erledigungen auszuführen, den klebrigsten,
miesesten Job anzunehmen, noch den gesundheitsschädlichs-
ten bis sicher tödlichen Beruf auszuüben – weil Dreck, Gefahr
und Todesrisiko nun mal besser bezahlt werden. Diese «Gefah-
renzulage» gehört mit zum System der Ausbeutung von Männern. Zulagen bieten noch besser die Gewähr, möglichst erfolgreich den «finanziellen Mutterleib»[66] für die Familie warm
halten zu können und, ganz entscheidend, über diese Leistung
Reputation und Zuneigung einzuheimsen.

Männer machen alles. Sie tun es sogar für andere. Das ist in beinahe allen patriarchalen Kulturen der Fall. Der Patriarch macht
den Rücken krumm, um die seinen als ebendiese betrachten zu
dürfen. Ein ganz seltsames Patriarchentum. Nicht der Patriarch
lässt arbeiten, er selbst schuftet für das Kollektiv. Manchmal ist
das größer, manchmal kleiner. In Mexiko ist es eher größer. Die
als besonders patriarchal verrufenen Mexikaner schicken nicht
etwa nur Kinder und Ehefrauen auf die tägliche Tour zur Er-
möglichung der Reproduktion. Sie gehen vor allem selbst. Sie
gehen, beispielsweise, über die ehedem grüne Grenze nach Kalifornien, ins Reich des großen Bruders USA. Der versucht
inzwischen, seine Grenzen dicht zu halten. Immer noch aber
gelingt vielen Mexikanern der Übergang ins Nachbarland. Sie

stehen dann am Straßenrand mit sehnsüchtigem Blick. Er steht für die Hoffnung, irgendeinen Tagelöhnerjob zu bekommen. Sie verkaufen sich allesamt, und nur die besten werden für Erntearbeiten herausgepickt wie Rosinen aus einem Teig. Die illegal Eingereisten sind rechtlos und wunderbar formbar, verformbar, knechtbar. Und warum lassen sie sich knechten? Weil sie geil auf echte Dollars sind, um die mal richtig ordentlich zu verjubeln? Nein, dafür wären die Nebenkosten zu hoch. Die Männer machen ihr halbes Dutzend Jahre an Feldarbeit. Im besten Falle, also sofern brauchbar, ruinieren sie sich Rücken, Hände und Lunge, weil sie auf pestizidbehandelten Feldern arbeiten, und schicken ihren Dumping-Lohn an Frauen und Kinder zu Haus. Wer zu klein, zu schwach, zu mickrig, zu elend aussieht, kriegt keinen Tagesjob, ergattert damit keinen Schlafplatz und darf in den kalten Hügeln kampieren – Wanderarbeiter, Arbeitsloser und Obdachloser in einem.

Fälle wie diese klingen extrem, sind es aber gar nicht. Eine Familie ernähren zu müssen, zu sollen, zu wollen, ohne in dieser Rolle eine Familie zur Seite zu haben, die emotionalen oder psychischen Beistand leisten könnte, das trifft in vielen Teilen der Welt die Schein-Patriarchen. Mann lebt weit weg von seiner Familie, seiner geographischen wie psychoemotionalen Heimat, aber Mann darf sich trösten, für ihre Existenz unverzichtbar zu sein. Welch gigantischer Selbstbetrug! Was für eine armselige Notlüge! Was für ein dummer argumentativer Fehlgriff, die Ansicht, das patriarchale Regelwerk ginge alleinig auf Kosten von Frauen!

Dem Beispiel aus der Ferne ist schnell eins aus Europa zur Seite gestellt. Nehmen wir die große Anwerbe-Initiative der deutschen Bundesregierung in den fünfziger Jahren. Italienische, später vor allem türkische «Gastarbeiter» galt es in die Dienste der deutschen Wirtschaft zu locken. Die allerersten Italiener kamen zum Beispiel nach Wolfsburg, zum Volkswagen-Werk. Unterbringung in Massenunterkünften, in Baracken. Arbeit gab es, aber keine Familie, nur das basiskulturelle Überlebensmilieu der gleichermaßen Betroffenen. Was bitte, war das für ein Gefühl, als «Patriarch» in die Fremde zu gehen, zu buckeln, seine Arbeitskraft einzubringen, dabei aber keinen persönlichen Luxus einzufahren und zudem das ganze Ersparte nach Ligurien oder Umbrien zu schicken?

Wie fühlte sich das an, zweimal im Jahr über die Alpen zu fahren, zu Hause nach dem Rechten zu sehen ohne blassen Schimmer von zu Hause, Frau und Kinder einigermaßen wohlauf in «seiner» Wohnung leben zu sehen, dann wieder das Bündel zu schnüren, um in der Baracke oder – Luxus! – im Untermieter-Einzelzimmer (ohne Küche, ohne Bad) deutsche «Kohle» zu machen? Wenn je ein Metallarbeiter aus der Emilia Romagna in der deutschen Industrie politisch sensibilisiert, später motiviert und aktiviert wurde, dann höchstens zur Bekämpfung seines «Klassenstatus» als abhängig Beschäftigter und «Knecht des Kapitals», zum gewerkschaftlichen Kampf für mehr Weihnachtsgeld und Gratifikationen, mehr Urlaubstage, mehr Lohn und kürzere Arbeitszeit. Sich selbst im größeren kultursoziologischen Zusammenhang als Opfer zu sehen, zum Beispiel als Opfer von sexistischer Arbeitsteilung, als Opfer eines nach Geschlecht sortierten Wanderungs-, Arbeits- und Ernährungszwanges – es wäre ihm *nie* in den Sinn gekommen. Aber es wäre – nein: Es ist! – auch dem deutschen Fabrikarbeiter, der deutschen Frau, dem deutschen Gewerkschaftssekretär *nie* in den Sinn gekommen. Der tief verinnerlichten Verabredung, über solchen Sexismus nicht nachzudenken, ihn geflissentlich zu ignorieren, schloss sich der fließbandfleißige Italiener aus der Emilia Romagna nur an. Mehr nicht. Und nicht weniger. Letztendlich erlegte er sich wie seine deutschen Kollegen und die Gesellschaft darum herum alle Denkverbote und -gebote selbst auf. Die autosuggestive Einflüsterung, dass man der Kutscher auf dem Bock sei, während man realiter doch längst in der Rolle des Zugpferdes im Zugzwang war und ist und keuchend den Wagen zieht, kann als Interpretations-Kraftakt gewertet werden. Alle Kraft aber wurde und wird dabei vor allem aufgewandt, um die Faktenlage zu derealisieren und die Interessenlage zu desorientieren.

Das Einzige, was das Arbeitstier Mann nicht macht, ist, sich zu äußern, sich konsequent selbst zu betrachten, sich im Spiegel nackter Selbsterkenntnis zu analysieren. Da bliebe dann Raum fürs Klagen. Aber warum nicht endlich offen sein, sich öffnen für den eigenen, stets «mannhaft» unterdrückten Schmerz. Ungeschminkte Ehrlichkeit gegen sich selbst, ergo: die Enttarnung eines Schein-Patriarchats, das es so nicht gibt und das einem nicht nützt, obwohl es einem permanent vorgeworfen wird, diese Ehrlichkeit gegen sich selbst leisten Männer bis heute nicht. Die Entblößung des Selbst-Missbrauchs ist ein Tabu. Kein Wunder aber, wenn man nur eine kleine Schraubendrehung weiter denkt: Klagen hieße Schwäche eingestehen, hieße, dem Spott gefährlich viel Angriffsfläche zu bieten. Und sowohl Spott als auch das kleine mitleidige Lächeln, wir wissen es, *töten*. Als Mann, womöglich «in den besten Jahren», Schwäche einzugestehen und zu formulieren hieße, nicht konkurrenzfähig, nicht belastbar, nicht stark, nicht so recht verwendbar zu sein. Nicht stark zu sein oder nicht als stark zu gelten bedeutet für Männer auch am Ende des 20. Jahrhunderts nur,

Verluste einzufahren. Es bedeutet, beruflich wie privat Attraktivität einzubüßen, bedeutet, kein potentes «Mannsbild» mehr sein oder spielen zu können, bedeutet, gegenüber der intellektuell zwar oberflächlich diskreditierten, dennoch weiter hochwirksamen Erwartungshaltung von Frauen einen Faktor nicht in die Pflicht zur Werbung einbringen zu können: Statur, Kraft, Unerschütterlichkeit – summa summarum: Die Fähigkeit des Beschützer- und Ernährerpostens.

Unter Männern – allerdings, wenn auch nie offen eingestanden, auch unter den allermeisten Frauen – sind klagende Männer, seien wir ehrlich, Memmen, die das Kompetenzprofil des nimmermüden Idioten für alles schlicht verpassen. Man höre sich Frauengespräche über Männer an, die Schwäche(n) zeigen, die Verzweiflung offenbaren, die nachgeben, die «weich» sind, die ihre Kapitulationen offen aussprechen. Quintessenz des mit Lachern durchsetzten Gesprächs: Mit solch einem Flachmann würden wir es nicht machen.

Stimmt. Denn Frauen suchen in ihrer übergroßen Mehrheit, gut kaschiert oder augenaufschlagend offen, den Idioten für alles, den ubiquitären Tarzan, die große, kompakte, schön anzusehende Problemlösereinheit, den Neuntöter. Der Neuntöter, *lanius collurio*, ist ein Vogel, in ganz Europa verbreitet, und gehört zur Familie der Würger, *laniidae*. Als Beispiel darf er herhalten, denn die Brautwerbung des Neuntöters zielt auf all das ab, was auch die allermeisten Frauen über die Historie hinweg von ihrem Gockel gerne hatten: Der Neuntöter ist ein schneller, erfolgreicher Jäger. Er ist flink, erstaunlich kräftig, hat Mut, wagt etwas und ist geduldig-unerschütterlich. Muss er auch sein, denn seine potentielle Gattin muss er quälend lange und ausdauernd von seinem Talent und seiner Fähigkeit, den Ernährerposten übernehmen zu können, überzeugen. Während der Brautwerbung spießt er erbeutete Tiere – Würmer, Insekten, junge Mäuse – im Umfeld der Bezirzten, die herumsitzt und skeptisch abwägt, auf kleine Ästchen auf im Buschwerk. Patente Jäger, potente Männer, gute Partie, so schlicht ist die Ableitung. Im Tier- wie im Menschenreich herrscht Damenwahl. Und der Neuntöter jagt und macht und fängt und strotzt und protzt und stellt zur Schau – bei Menschenmännern wird ebendies und mit vollem Recht als affige Demo-Show gegeißelt. Aber Achtung: Latent oder manifest – Frauen und Neuntöter-Weibchen fahren auf so was ab.

Männer machen alles. Endgültig pervers wird die komplexe Situation dann, wenn Männer, die alles machen – sogar die schärfste Männerweltkritik – von Frauen hören, was sie alles nicht tun würden und was sie alles falsch tun würden. Dabei ist die Kirche im Dorf zu lassen. Männer machen nicht nur den ganzen technischen, technokratischen, macht- und herrschaftspolitischen Schweinkram, nein, sie machen, seit es sie gibt, auch das Gegenteil davon. Männer machen nicht nur stinkende Autos, nicht nur Waschmaschinen, Mixer, Haartrockner, Taschenrechner, Flugzeuge, Atomkraftwerke, Massentierhaltung, Computer, Raumstationen, Kriege, Vergewaltigung, Kriminalität, Unterdrückung, Holocaust und Hiroshima, nein, sie sind sich und ihren Hervorbringungen selbst die allerschärfsten und lautesten Kritiker, von Descartes über Montaigne, von Mahatma Gandhi über Martin Luther King, den Club of Rome bis zu Klaus Theweleit oder Hans A. Pestalozzi. Männer stehen für Macht-, aber auch für vehemente Machtkritik, sie stehen für Kultur (inbegriffen: sämtliche Facetten so genannter «Un»kultur), aber auch für Kulturkritik, sie stehen für

Technik, aber auch für die Technikkritik, sie stehen für Soldatentum, aber auch für Pazifismus, sie sind Kriegsgefangene und Deserteure und Friedensphilosophen, sie stehen für politische Entartung, Autokratismus, Diktatur, Satrapentum, aber sie stellen auch – Ausnahmen bestätigen die Regel – so gut wie alle Freiheitskämpfer, Revolutionäre, Dissidenten, Verbannte, mit Hausarrest Überzogene, sie stellen den Löwenanteil aller Folteropfer in sämtlichen Kerkern rund um den Globus, und da schmorten und schmoren sie weltweit nicht, weil sie Recht und Freiheit für Männer forderten, sondern für *Menschen*. Diese Liste wäre seitenweise fortzusetzen, auch für die Bereiche Kind, Schule, Reformpädagogik etwa, aber: unnötig. Denn es nimmt nicht wunder, dass Männer Omnipräsenz dieser Art vorführen, es nimmt nicht wunder, dass sie das Für, aber ebenso das Wider repräsentieren. Denn in einer sexistischen Aufteilung gesellschaftlicher Aufgaben, in der Polarität von Außen und Innen, bleibt es nicht aus, dass das sichtbare Wirken «männlich» bestimmt ist. Nur gelingt es der Frauenbewegung der Moderne eben – dem Vorgehen gegenüber der Aufklärung äquivalent – nur die eine Seite «männlichen» Wirkens wahrzunehmen. Auf diese Weise wird es schwer mit der Würdigung des Gesamtbildes, der Herkunftsanalyse von kulturellen Gewinnen und Verlusten und dem Verbleib der unschuldig geopferten Frau.

Die Frauenbewegung entwindet sich seit gut drei Jahrzehnten der Kritik gegenüber diesem Vorgehen mit Bravour. Mit ihren Denk- und Interpretationslinien ließ und lässt sie alle Kritik an ihr öffentlichkeitswirksam ins Leere laufen. Dies muss neidlos anerkannt werden. Auch Revolutionär Lenin erklärte die Regierung in Moskau bereits für abgesetzt, als sie noch im Amt war. Blenden und Tricksen, Behaupten und Postulieren gehören zum Arsenal politischer Bewegung. Bis zu einem gewissen Punkt. Diesen Punkt, der den Übergang vom Trickreichen zum Unredlichen bezeichnet, hat auch die Frauenbewegung längst hinter sich gelassen. Denn zweimal knipst sie das Licht aus, nur einmal knipst sie es wieder an. Die im Dunkeln sieht man nicht.

Zunächst zum Ausknipsen: Wie viel Macht, wie viel Bestimmungspotential und Strippenzieherei, aber auch wie viel Bequemlichkeit und Behütetheit im breiten Bereich jenes unsichtbaren Wirkens im Dunkeln liegt, wird nicht debattiert. Und: Wo waren denn bei all den «segensreichen» Resultaten aus der «patriarchalen» Zivilisation die Frauen? Von der römischen Wasserleitung bis zur wassersparenden Toilettenspülung in der 22. Etage, von der Gaslaterne bis zur Glühbirne, von der Pockenimpfung bis zur Herz-Lungen-Maschine, von der Telegraphie bis zur Organisation des öffentlichen Nahverkehrs – wo waren und sind die warmherzigen Ideen der Frauen, ihre befruchtenden, innovativen, friedensstiftenden Fortschrittsbeiträge, ihre allgemein nützlichen Theorie- und Praxisansätze, nicht zu reden von umgesetzten «femininen» Imperativen? Wo war der «bessere Mensch» die ganze Zeit?

Sodann zum Anknipsen des Lichtes. Wenn von Männern die Rede ist, dann (Spot an!) wird sie hervorgezogen, die Negativliste «männlicher» Kultur, «männlicher» Technik, «männlicher» Gesellschaftsorganisation. Die kollektiv nützlichen kulturellen Hervorbringungen der vergangenen viertausend Jahre – jene nach dem «Frieden» des «Matriarchats» – übergeht die bewegte Frau mit großzügiger Geste. Sie verschweigt sie – und profitiert davon. Basta. Sie schreibt über briefmarkensammelnde Mannsbilder die herrlichsten Vernichtungsfeuilletons, Dreckschleuder-Kritiken und Missachtungstraktate, wirklich hoch amüsant – aber die Briefmarke erfindet sie nicht. Deshalb ist auch keine Beschwerde über das «männliche» Postwesen, den «männlichen Toaster», die «männliche» Spülmaschine, die «männlichen» Telefone, die «männlichen» Kaffeemaschinen, «männliche» Kläranlagen, «männliche» Fußbodenheizungen, «männliche» Radio- und Fernsehgeräte, «männliche» Fachwerkhäuser, «männliche» Gewächshäuser, Skilifte, Sanitärkeramik oder Rigipsplatten zu hören. Nichts. So was!

Das Allerschlimmste: Männer machen nicht nur die härtesten Arbeiten und die schmutzigsten. Männer machen auch die zartesten, die sensibelsten, die sensitivsten Dinge. Feminines Zartgefühl, feminine Feinmotorik? Die Uhrmacher und Feinmechaniker sind jedenfalls männlich. Wie die das schaffen mit den groben Pranken! Ja, diese Männer, sie vergewaltigen nicht nur nach Belieben kleine Kinder und erwachsene Frauen, sie erfinden auch fortwährend beinahe sämtliches Spielzeug und Spieluhren, sie schreiben – man halte sich fest – sogar Bücher! Ja, ich setze noch eins drauf, beinahe unerträglich: Sie schreiben Lyrik. Paradigmatisch inzwischen das diesbezügliche weibliche Entsetzen bei der Jurierung von Lyrik-Preisen. Beispiel: Nach der Durchsicht von Tausenden von Gedichten von über 600 Autorinnen und Autoren kam Hanne F. Juritz als Mitglied des Lektoren-Trios beim «Literarischen März» der Stadt Darmstadt zu deprimiert wirkenden Einschätzungen. Unter den letztlich elf Auserwählten befanden sich nur zwei Frauen. 40 Prozent «weibliche» Einsendungen hatte es gegeben. Um Fassung ringend, meinte Juritz: «Es war nicht zu ändern. Die männlichen Bewerber waren eindeutig besser.» Es war nicht zu ändern. Welch großer, welch grober Schmerz!

KAPITEL 5

Frauen und Kinder zuerst!
Die gonosomale Apartheid

Wie war das noch am 15. April 1912 um 1.45 Uhr? Vom Oberdeck der «Titanic» sieht John Jacob Astor, wie ein Rettungsboot gefiert wird. Unter anderen sitzt darin auch seine Frau. Höflich lehnt sich Astor über die Reling und fragt, ob er seine Frau begleiten dürfe, sie sei schwanger. «No, Sir!», erwidert der Zweite Offizier der «Titanic», Charles Lightoller, unmissverständlich, «keine Männer, solange noch Frauen an Bord sind.» Colonel Astor belässt es bei diesem einen Vorstoß. Im Rettungsboot war noch hinreichend Platz – wie in den meisten Booten der «Titanic». Und so ging der damals reichste Mann Nordamerikas baden im –1 Grad kalten Nordatlantik. Seine Leiche wurde später aus dem Meer gefischt. 4000 Dollar hatte er in der Jackentasche (ins Heute hinübergerechnet rund 200 000 Mark). Alles Geld nutzte nichts in dieser Nacht. Nicht einmal dafür, sich von der Schicksalszuweisung qua Geschlecht zu befreien.

Aber nein, so leise und mit Anstand ging es nicht immer vonstatten. Mitunter wurde auch geschossen. Das vorletzte Rettungsboot der «Titanic» konnte nicht zu Wasser gelassen werden, weil einige Heizer und Kohlentrimmer, gerade rußverschmiert dem gurgelnd wasserbunkernden Bauch des Luxusliners entkommen, hineingesprungen waren. «Raus!», schrien die Offiziere und schossen scharf. Lieber – allein in diesem einen Boot – 23 Plätze freihalten und das Prinzip retten als ein paar Männer. Ob reich oder arm, zählte nicht an diesem 15. April, es zählte nur das Geschlecht. Die Statistik: Gerettete Frauen der ersten Klasse: 97 Prozent, der zweiten Klasse: 87,5 Prozent, der dritten Klasse: immerhin noch 51 Prozent. Die Zahlen für die Männer hierzu lauten: 33, 8 und 13,5 Prozent[67].

Das Beispiel der «Titanic» steht – ein extremer Ausschnitt – für die Lage an sich: Das eigentliche Lebensrisiko eines Menschen ist es, Mann zu sein. Obwohl Frauen von dieser grundlegenden Risiko-Schlagseite profitieren, geben sie vor, von ihr rein gar nichts zu wissen. Männer verdrängen die Einsicht in die Tatsachen so fulminant und verbohrt, dass nur von intellektuell erzeugtem Unwissen ausgegangen werden kann. Eine Leistung, gewiss, jedoch eine, die nicht weiterbringt.

Das Lebensrisiko Mannsein ist eines, das mit einfachem Augenaufsperren zu begutachten ist, es ist eines gesicherter Empirie, eines der Fakten, der Zahlen, der beobachtbaren Lebensumstände. 49 Prozent der Männer in Deutschland haben statistisch gesehen die Möglichkeit, das 75. Lebensjahr zu erreichen, aber 70 Prozent der Frauen. Beim 90. Lebensjahr steht es 5,6 Prozent zu 14,8 Prozent.[68] Vergleicht man Zahlen aus Deutschland West mit denen aus Deutschland Ost, sieht die Sache so aus: Die Lebenserwartung für Frauen liegt im Westen bei 79,7 Jahre, die für Männer im Osten bei 70,3 Jahren.[69] Frauen leben auch in den USA rund sieben Jahre länger als die Männer. Sieben Jahre weniger, das kann gut ein Zehntel der Wegstrecke des Lebens bedeuten. Kein Klacks. Im ausgeformten «Patriarchat» leben also die Machthaber ein erhebliches Stück kürzer als die «Machtlosen».

Die Frauenbewegung empfindet diesen Umstand als solchen

in keinster Weise als verwunderlich. Weil die Frauenbewegung an diesem heiklen Punkt ihrer Definitions- und Interpretationshegemonie einmal wieder ins Biologistische ausweicht. Sonst mit Händen und Füßen, mit Geist und Zunge jedweder organizistisch-biologistischer Erklärung oder Zuordnung fliehend, zieht sie hier ebendiesen Joker aus der Tasche und deutet auf die Geschlechtschromosomen des Menschen, die so genannten Gonosomen. Die Frauen, sagen die Frauen, hätten ja ein Doppel-X-Chromosom, die armen Männer hingegen, die hätten nur ein X- und ein nicht homologes Y-Chromosom. Damit seien die Männer benachteiligt (von der *Natur*! Nicht von der *Kultur* oder gar den *Frauen*!) und daher einfach störungsanfälliger. Schlicht gefolgert: Mangelhaft ausgestattet, nicht doppelt abgesichert, müssten Männer halt auch früher ins Gras beißen.

Der Joker sticht, weil er das Nachdenken ersetzen hilft und das seltsame Rätsel scheinbar neutral-wissenschaftlich löst. Mit dem Nachdenken allerdings sollte man nie aufhören. Mehrere Einwände sind dem vermeintlichen Joker entgegenzuhalten.

Erstens: Kampfesfroh, aber leider dogmenblind, bedient sich die Frauenbewegung mit solchen Argumentationen des sonst als «patriarchal» gescholtenen Apparats wissenschaftlicher Denkweisen und Forschungsergebnisse. Und Genetik und Genforschung gehören insgesamt wohl zu den am meisten als «typisch männlich» verächtlich gemachten, naturwissenschaftlichen Forschungsbereichen. Wer in der Not aber zu Erklärungsperspektive, Vokabular und Weltsicht des «Feindes» greift, macht sich nach innen wie nach außen unglaubwürdig.

Zweitens: Nehmen wir die Aussage doch einmal ernst. Warum denn nicht? Stellen wir also, selbstverständlich unter größtem Bedauern, fest, Männer würden aufgrund einer genetisch minderwertigen Ausstattung, damit einem weniger starken Immunsystem und einer in toto anfälligeren gesundheitlichen Konstitution rund ein Zehntel weniger Jahre zu leben haben. Dann hieße das gesellschaftliche Motto für einen ausgewiesenen Sozialstaat in Konsequenz: Männer sind benachteiligt, labil und tendenziell schwächer als Frauen, sie stehen daher unter dem besonderen Schutz der Gesellschaft. Dies würde spezifische Männer-Einrichtungen zur Pflege, zur Schonung, zur Förderung, zur Stützung und Hilfe der erbbiologisch Benachteiligten nach sich ziehen müssen. Männer sollten fortan von schweren Arbeiten, allem beruflichen Stress und allen riskanten Einsätzen und Anforderungen fern gehalten werden. Auf diese Weise könnte das erbbiologische Defizit zumindest ein klein wenig ausgeglichen werden. Allerdings: Mir ist von solchen Bemühungen bisher nichts bekannt.

Drittens: Es stimmt durchaus, dass die gonosomal doppelte Ausstattung des weiblichen Menschen Stabilität nach sich zieht. Das ist vor allem im Baby- und Kleinkindalter klar nachzuweisen, etwa bei der Kindersterblichkeit nach Geschlecht. Das zweite X-Gonosom, es wirkt wie ein Reparaturmechanismus. Schon im Grundschulalter allerdings sind Jungs keiner höheren gesundheitlichen Gefährdung ausgesetzt, die aus ihrer geschlechtlich-genetischen Ausstattung abzuleiten wäre. Falsch ist daher die Schlussfolgerung, Männer lebten aus dieser Genomkonstellation heraus fünf, sieben oder neun Jahre kürzer. Richtig ist, dass dieses Zehntel dem Mann klar aufgrund der gesellschaftlichen Rollenzuweisungen verloren geht.

In Bangladesh werden die Männer heute älter als die Frauen, im Häusermeer Manhattans, in Harlem, ist es umgekehrt und in Paris, London, Rom, Hamburg oder Berlin ebenfalls. Haben die Männer in Bangladesh nun andere Chromosomen? Haben sie mehr? Weniger? Bessere? Arbeiten sie mit Tricks?

Aber bleiben wir in Europa. In der vorindustriellen Gesellschaft Europas betrug die Differenz bei der Lebenserwartung zwischen Männern und Frauen meist nur ein oder zwei Jahre. Die Gleichung hieß: Viel Schaffen, schlechte oder mangelhafte Ernährung, wenig Hygiene und wenig Medizin = kurzes Leben. Die genetische Ausstattung hatte und hat gleichsam nichts über die Lebenserwartung auszusagen. Die Lebenserwartung für Frauen aber hat sich in der westlichen Hemisphäre seit 1920 annähernd verdoppelt. Auch hier gilt: Einer Veränderung der gonosomalen Ausstattung ist dies nicht zu verdanken. Nein, diese Verdopplung der Lebenserwartung ist wesentlich der gesellschaftlich-kulturellen und familiären Entwicklung der Moderne zuzuschreiben. Sie ist wesentlich von Männern entwickelt und erwirkt worden, profitiert aber haben die Männer selbst etwas weniger trefflich von ihr. Die Schere der kulturellen Gewinne und Verluste ist im 20. Jahrhundert endgültig zugunsten der Frauen weit aufgeklappt. Die industrialisierte Gesellschaft schaffte, meist verdeckt, oft unabsichtlich, Wahlmöglichkeiten für Frauen bei eher marginal reformierter Rollenfixierung für den Mann. Stressfaktoren, die das Leben verkürzen oder kosten, sind weiterhin dominant «männliche».

Männer machen Männchen. Nicht umsonst heißt sie so, diese körperliche Anstrengung, die die Stresshormone Testosteron und Adrenalin in Fahrt bringt. Sich groß rauszuputzen, sich groß zu machen, sich zu strecken, aufzurichten, zum Himmel zu strecken, zu zeigen, was man kann, wie weit man es gebracht hat, sich strecken, um zu kriegen, was schwer zu bekommen ist, sich länger als vernünftig zu machen, um bewundert zu werden, um Eindruck zu schinden, um Achtung einzufahren, Liebe und Zuneigung zu bekommen – Männchen machen, das ist was für Männer. Schließlich heißt es stets, dem Zwang von innen und dem Erwartungsdruck von außen folgend, seinen Mann zu stehen. Das Männchenmachen zeigt symbolisch, dass Männer Über-Männchen sein wollen. Sie jagen jenem Phantom des Menschen plus X hinterher. Sie tragen ihre Masken voll wilder Entschlossenheit, todernst. Dahinter sind sie meist viel kleiner, sind sie oft viel müder, im Grunde möchten sich viele öfter mal verkriechen – aber nein, sie machen Männchen.

Und so sieht denn auch das Leben eines jungen Männchens aus. Die Botschaft, dass seine Gesundheit weniger wert ist als die möglichst ganzheitliche Ausfüllung seiner geschlechtlich spezifischen Rolle, diese Botschaft kommt schon früh beim noch ungeübten Männchenmacher an. Bestaunt, belobigt, gewürdigt werden Extras jeder Güte, sofern sie fürs Männchenmachen qualifizieren. Da dürfen nicht nur, da *sollen* Grenzen überschritten werden. Waghalsige Spiele, Mutproben, die Bereitschaft, Risiken einzugehen, die vor allem körperlich bedenklich sind, gehören zur Hart-wie-Krupp-Stahl-Grundausstattung. Spätere Glanznummern, Glanznümmerchen oder zumindest angstschweißbedeckte Versuche zur Absolvierung von Glanznümmerchen sorgen dann im Sport, in der Armee, in der Universität, in der Firma für die individuell ausgeformte Geschichte gespreizter Männlichkeit. Dieser absolut nervtötende Imponierzwang, dieses pausenlos konkurrenzorientierte Schaffen und Tun und – um herauszuragen – noch ein bisschen mehr Schaffen und Tun, dieses ständige Sich-Messen, das Unter-Stress-Halten und -gehalten-Werden, es ist Teil der gonosomal sortierten Abrichtung. Der verbissene Sprung von der Mauer in die Tiefe als vor Angst zitternder Elfjähriger liegt da gleichauf mit dem verbissenen Termingeschäfte-Machen auf dem Börsenparkett.

«Richtige» Männer sind permanent auf der Ego-Demo. Besser: Sie sollen sich gefälligst dort tummeln. Immer auf dem Weg zum scheinbaren Glück, zur scheinbaren Befriedigung, zum scheinbaren Triumph, zur scheinbaren Anerkennung. Freiwillig? Neigung? Pure Lust? Vielleicht. Dominant aber flüstert stets der Rollenauftrag ins Ohr: «Wenn du es schaffst, gehörst auch du zu den Gewinnern und Bestimmern – wie alle Männer!» Also muss es doch richtig sein, muss es sich doch lohnen, *kann* es doch kein organisierter Betrug sein. Aber, potzblitz!, es ist einer. Denn was gibt's auf Erden? Kein wirkliches Glück, keine echte Befriedigung, keine strahlenden Triumphe, nur ein bisschen halb gare Anerkennung, durchsetzt mit Unverständnis und Kritik, bezahlt zuerst mit Entfremdung, dann mit dem Leben. Zumindest mit einem, das sieben Jahre früher endet. Lohn der Angst? Nein, die Quittung für einen vermiedenen Befreiungsakt. Aus dem Käfig der Geschlechterstereotypie, der geheimen familiären Aufträge, der subtil und lauthals vermittelten Botschaften, doch zu sein, wie man zu sein hat, und ja nicht so, wie man ist, aus diesem Käfig ist Befreiung die einzige Rettung. Im Käfig selbst sind die Optionen neu arrangierter Pflichten und Leistungen erschöpft, in ihm ist durch Ummöblierung keine Entlastung mehr möglich, in ihm ist Befreiung nicht zu erreichen und auch nur begrenzt zu simulieren. Er schließt nur ein und verbarrikadiert. Wenn ich heute immer noch ganze Familien im Krankenhaus über das Bettchen mit dem gerade zwei Tage alten «Stammhalter» gebeugt sehe und höre, wie Lebensentwürfe da dem zarten Kindlein dargebracht werden, wird mir ein Defizit innerhalb unserer verregelten Zivilisation schmerzlich bewusst: Dem Namensschildchen für Neugeborene sollte, sofern es sich um einen Jungen handelt, die Sentenz beigegeben werden: «Die EU-Gesundheitsminister warnen: Männchenmachen schadet deiner Gesundheit!»

Ob für die Peer-Group, für die Brautwerbung oder als Selbstbeweis – fest steht: Die Latte liegt ziemlich hoch. Von vornherein ist außerdem klar, dass die allerwenigsten die Synthese von Cary Grant und John Wayne, von Emil Zatopek und Henry Maske darstellen. Macht und Herrlichkeit haben immer die anderen, nicht zuletzt die Supermänner auf der Leinwand. Beim Männchenmachen wird also häufig das Gleichgewicht verloren, es wird in Massen gestürzt, derb geplumpst. Zu den Gescheiterten gehören im Rahmen des großen Lebensrisikos Mannsein auch die Obdachlosen, die Wohnsitzlosen, die Penner. Meine Teufel – wie trostlos: kein Held der Frauen, kein Held der Familie, kein Held der Firma, kein Held beim Freizeittennis, kein Held beim Fernurlaubebuchen, kein Held beim Bausparfinanzieren, kein Held beim Foxtrott-Tanzen, kein Held beim Kindermachen und Bis-zur-Hochschulreife-Hochfinanzieren: Versager nennt man so welche. Sie lagen und liegen im öffentlichen Straßenbild herum und haben über Jahrzehnte in Deutschland niemanden berührt oder aufgeregt. Es waren zu 98 Prozent Männer. Inzwischen schwankt die Zahl hin zu einer Marge zwischen 80 und 95 Prozent männlicher Obdachloser. Warum ihr Schicksal in den letzten Jahren – neben ihrer quantitativ deutlich stärkeren Präsenz im Straßenbild der Großstädte seit 1980 – vor allem aufgegriffen wurde, ist die Tatsache, dass zwischen fünf und fünfzehn Prozent dieser öffentlich sichtbar Verarmten und Gescheiterten weiblichen Geschlechtes sind[70]. Alle Medien, alle Sozialämter und alle Hilfsorganisationen, die etwas auf sich halten, zollen dem mit großem Mitgefühl, viel Takt und fassungslosem Erstaunen Tribut. Wenn das Ohnehin-Opfer Frau auch noch Opfer von Obdachlosigkeit wird, gibt es auch für das kühnste kritische Wochenmagazin kein Nachdenken mehr: Die obdachlose Frau ist auf dem Titelblatt. Ihr Schicksal ist selbstverständlich viel schwieriger und viel härter als das jedes männlichen Obdachlosen. Obdachlose Frauen «schämen sich und verstecken sich», schreibt beispielsweise «Druck und Papier» die Zeitung der IG Medien[71]. Das Gewerkschaftsblatt bringt dazu eine ganzseitige Reportage mit farbigen Fotos, ganz viel Betroffenheit und ganz ganz viel Mitleid. Sie schämen sich und verstecken sich also, die Frauen. Sicher. Und die Männer zeigen sich überall gern öffentlich und prahlen selbstbewusst mit ihrer Obdachlosigkeit herum. Oder? Über der Aufmerksamkeit für die weibliche Ausnahme von der Regel werden die neunzig Prozent männlicher Menschen, die oft über Jahre öffentlich ihrem von niemandem aufgehaltenem Ende entgegensiechen – wie seit eh und je – vergessen. Ist halt so, abgehakt. Obdachlosigkeit und Pennertum gehörten sozusagen schon immer zu einer der wenig ansehnlichen Ausprägungen männlichen Scheiterns. Der ihr geltende, tradierte, achselzuckende Gleichmut resultiert aus dem Blick auf Obdachlose, den die gesamte Gesellschaft bis heute auf sie wirft: Versager sind männlich, Opfer sind weiblich.

Stadtbekannte «Berber» versuchen in den Wintern mal vor Kaufhof, mal vor Karstadt, mal vor der Parkhauseinfahrt des Staatstheaters ihr nächtliches Überleben zu arrangieren. Frieren heißt noch nicht tot sein. Mehr nicht. Wenn vor diesen Einfahrten, vor den Toren und Schaufenstern Frauen lägen, ja: Frauen, mal welche mit siebzehn, mal welche mit neunundsechzig Jahren, verdreckt, verschmiert, im Winter mehrere Lagen Kleidung übereinander, mit löchrigen Handschuhen unter nebelfeuchten Wolldecken, wenn überall in der Republik Frauen über den Lüftungsschächten lägen, wenn überall in der Republik in den warmen Weihnachtsansprachen ihres Schicksals draußen «auf Platte» gedacht würde, wenn der «unglaubliche Skandal», die «bodenlos patriarchal verrohte Gesellschaft», die «Arroganz der Macht der Männer» und ihr «Unmenschentum, das noch die Schwächsten bestraft» angeprangert würden, dann stünde fest, wer zu den Verlierern im System gehört. Die Situation wäre Sitzungsthema nicht nur in jedem Frauenzentrum, sondern in jedem Parlament, wäre Anlass für Appelle aller städtischen Frauenbeauftragten Deutschlands, und die Bundesfrauenministerin würde tägliche Fernsehansprachen ankündigen. Ja – wenn. So, wie es ist, sind es aber in der Hauptsache Männer, die über den Lüftungsschächten kauern. Und es herrscht Stille im Land.

Defizite, Schmerzen und Gewalt werden nur ernstlich wahr- und wichtig genommen – nicht allein in dieser Republik –, wenn sie in irgendeiner Weise mit weiblicher Lebenswelt, mit weiblichem Schicksal verknüpft sind. Die Lebenserwartung und die Obdachlosigkeit sind hierfür zwei Beispiele. Die Zahlen in Sachen Arbeitsunfälle und folgender Invalidität wurden bereits abgehandelt. Es setzt sich fort bei einem fast modisch-affektiert behandelten Thema wie dem Mobbing oder so etwas Nichtmodischem, aber dennoch weltweit weiter Gepflegtem wie der Prügelstrafe in Familien und Schulen.

Mobbing wurde zum Thema in den neunziger Jahren, weil sich Frauen am Arbeitsplatz belästigt fühlten – durch Männer. Männer blockierten plötzlich Karriereleitern, waren Kollegenschweine, schwärzten Frauen hinterrücks bei Vorgesetzten an, versuchten sich bei Konferenzen an eindeutigen sexuellen Berührungen (über und unter dem Tisch), grabschten in unbeobachtetem Moment jeden Busen, vernaschten Sekretärinnen im Aufzug, flegelten mit Worten herum, mit schmuddeligen Andeutungen, mit Skizzen auf dem Terminblock und mit anzüglichen Kommentaren. Die Grenzen zwischen Mobbing, sexueller Belästigung und Sexismus verschwammen. Terror! schrien alle Zeitungen. Erst mit der Zeit meldeten sich zaghaft einige Männer und bezeugten doch tatsächlich glaubhaft, Opfer von Mobbing zu sein. Gleichzeitig wurden hie und da Vorgesetztinnen und Chefinnen als Kollegenschweine (-schweininnen?) identifiziert. Um es klarzustellen: Alles das, was mit dem Neologismus «Mobbing» wie eine sensationelle Neuentdeckung verkauft wurde, rechnet rundweg zum altbekannten Spektrum typischer Gemeinheiten am Arbeitsplatz: Neid, Konkurrenz, Hass, Gemeinheiten sind fast jedem Arbeitnehmer gewiss. Damit enttarnt sich Mobbing als Uraltübel, einzig deswegen mit großer Geste an die große Glocke gehängt, weil zunächst singularisiert Frauen als Opfer herausgestrichen werden konnten. Steine aber im beruflichen Weg, sabotierte Karrieren, unterdrückte Weisungsbefugte, kleingeredete und gepiesackte Angestellte gab es schon immer. Und da die allermeisten Arbeitsplätze von Männern eingenommen wurden und werden, waren und sind Männer nicht nur Täter, sondern auch immer Opfer von so genanntem Mobbing. Unter diesem Blickwinkel, also fast bis zum heutigen Tag, war das Thema aber schlicht nicht interessant genug. Medientauglich wurde es erst mit der Fokussierung aufs weibliche Aufbäumen gegen das Übel Mann.

Stichwort Prügelstrafe. In den vierziger und fünfziger Jahren wurde auch im Nachkriegsdeutschland in Grund- und Mittelschulen noch geohrfeigt, der Hintern wurde vor versammelter Klasse «versohlt», Nase oder Ohren wurden lang gezogen, auf die auf den Pult gelegten Hände wurde mit Stock oder Lineal gezielt eingeschlagen. De facto waren diese Strafen reine Jungenstrafen. Mädchen mussten bei unbotmäßigem Verhalten in der Ecke stehen, sie mussten das Klassenzimmer verlassen und vor der Türe ausharren, sie mussten Strafarbeiten anfertigen. Jungs bekamen gleich von vornherein vermittelt: Deine Rolle erfordert es ohnehin, Schläge einzustecken (und auszuteilen), warum also nicht gleich mit den körperlichen Schmerzen beginnen! Eine Linie führt so direkt von der Züchtigung zur Ertüchtigung.

Übrigens: In neunundzwanzig von fünfzig Bundesstaaten in den USA ist körperliche Züchtigung in den Schulen ausdrücklich erlaubt. «In der Realität sieht es so aus, dass in den meisten Schulbezirken, die die Prügelstrafe zulassen, ein Lehrer, der ein Mädchen mit einem Lineal schlägt, sofort von den Eltern angezeigt wird. Und ein Lehrer, der ein Mädchen mit der Hand schlägt, kann seine Anstellung und seine Pension in den Wind schreiben. Prügelstrafe ist in der Praxis eine reine Jungenstrafe. In vielen Schulen wird dagegen protestiert, dass Lehrer eher dazu neigen, schwarze Jungen zu schlagen als weiße. Es wird aber an keiner Schule dagegen protestiert, dass nur Jungen geschlagen werden. Die Gesellschaft verwahrt sich nicht gegen die Gewalt gegen Jungen, weil sie sie im Unterschied zu der gegen Mädchen nicht wahrnimmt.»[72] Oder sie eben wahrnimmt, aber keinesfalls als ein zu behebendes Problem, als auszugleichende Einseitigkeit.

Körperliche Gewalt ist nicht nur körperliche Gewalt. Sie ist auch und gerade seelische Gewalt, sie wirkt in der Seele weiter, latent, subkutan. Jungen wachsen weltweit in einem kälteren Klima auf. Ihrer Körperlichkeit wird weit weniger Respekt zugedacht und weit weniger Würde zuerkannt. Somit auch weit weniger Zartgefühl, weniger Schonung. Jungenkörper sind wie Männerkörper in gewisser Weise Werkzeuge. Diese Werkzeuge werden raueren Methoden unterzogen. Jungenseelen und Jungenkörper kriegen daher schnell ein dickeres Fell. Und Jungs legen sich eine kalte Maske an, sie panzern sich, sie wappnen sich gegen die «raueren» Methoden. Und wie um dies immer wieder geprüft und bestätigt zu bekommen, erfahren sie regelmäßig, dass Gewalt ihnen gegenüber nie als dramatisch empfunden wird, sondern als normal gilt, als nötig deklariert wird, ja, dass diese unmittelbaren Attacken auf die körperliche Unversehrtheit als solche kein Thema sind. Im Kalender des Trainingsprogramms zur Erfüllung männlicher Rollenschemata gilt stete Abhärtung international als unverzichtbares Element. Mannwerdung statt Menschwerdung heißt der keineswegs heimliche, sondern der ganz offen praktizierte Lehrplan im «Patriarchat».

Über die menschlich wie medizinisch unsägliche und ebenso unnütze Klitoris-Beschneidung bei jungen Mädchen gibt es dankenswerterweise inzwischen weltweit Dokumentarvideos, Filme, wissenschaftliche Untersuchungen, Hintergrund- und Kulturanalysen. Es gibt darüber Betroffenen-Interviews, Feldforschung, Spätfolgeuntersuchungen, psychologische Gutachten, Analysen über Nervenleitung und aktivierbare Rudimente sexueller Erregungsfähigkeit. Alles wichtig, alles richtig.

Die Beschneidung von Jungen wirkt dagegen wie eine tabuisierbare Nichtigkeit. Dabei geschieht sie gleichfalls als ritualisierter Gewaltakt von Erwachsenen gegen ein Kind, gleichfalls ohne Zustimmung des Kindes, gleichfalls unter fadenscheinigen medizinischen und kulturellen Bedingungen und zeitigt gleichfalls lebenslange körperliche Veränderungen und Folgen. Wer nun annimmt, diese Beschneidung sei etwas Aussterbendes aus dem jüdisch-arabischen Kulturraum, der irrt. Noch bis Mitte des 20. Jahrhunderts wurden zum Beispiel gut die Hälfte der neugeborenen Jungen in Großbritannien beschnitten. Gewusst? Dafür interessiert? Nee? Dabei war selbstverständlich bereits damals die behauptete Notwendigkeit zur Entfernung der Vorhaut des Penis umstritten, ja de facto medizinisch als Kuriosum überführt. Das änderte in manchen Gesellschaften aber gar nichts. In den Vereinigten Staaten ist, man halte sich fest, die Beschneidung noch heute «der häufigste chirurgische Eingriff»[73]. Sie wird in den USA nicht nur ganz traditionell durchgeführt, sondern auch ohne Betäubung und fast immer im Säuglingsalter. Was niemanden verwundert: Bis heute gibt es keine wissenschaftliche Begleitung dieses massenhaften Gewaltaktes – und selbstverständlich auch keine Dokumentarvideos, keine statistisch breit gefächerten Betroffenen-Interviews, keine psychologischen Gutachten. Es gibt mithin keine kritisch reflektierende Öffentlichkeit über die Beschneidung, obwohl sie gerade eben nicht in Burundi, der Elfenbeinküste oder dem Sudan stattfindet, sondern mitten in der westlichen Hemisphäre. Man stelle sich vor, ein solch körperlich-fremdbestimmender Akt wie die Beschneidung fände bei all den vielen armen neugeborenen «All American Girls» statt. Mit dem

Schrei der Mädchen würde der Schrei öffentlicher Empörung um den Globus schallen. Da es aber nicht so ist, gilt weiter die Maxime: Gewalt gegen Mädchen ist Kindesmisshandlung, Gewalt gegen Jungen entweder Kulturgut oder Erziehungsmaßnahme.

Während das weibliche Tännchen sehr schnell in die Schonung verpflanzt wird, dort behütet und kontrolliert aufwächst, steht das männliche Jungtännchen viel zu oft viel zu früh etwas verloren und «selbständig» herum auf der Anhöhe, von heftigen Winden umpfiffen. Ich höre, kaum diesen Satz beendet, schon das Geschrei der Einwände. Ich bestehe aber darauf: Schonung, auch wenn sie als Nichtförderung, als Unterforderung, als Überbehütung oder gar Vorenthaltung von Chancen und Möglichkeiten daherkommt, ist und bleibt schonender als ihr Gegenteil. Dieses Gegenteil verkürzt nicht nur das Leben, sondern schafft auch einen erheblichen Teil der Probleme der Menschheit. Wer in der Tendenz härter gegriffen wird, gibt in der Tendenz härter zurück – und weiter. Gewalt echot Gewalt, erfahrene Härte mündet in handelnde Härte. Verstanden wird dies nicht: Gewalt *gegen* Jungen wird generell entweder nicht diskutiert oder bagatellisiert. Gewalt *von* Jungen – kausal mit der *gegen* sie verbunden – wird dagegen äußerst Ernst genommen und im Falle einer drastischen Straftat geahndet, als wäre sie von einem Erwachsenen ausgegangen. Da Jungs und Männer kulturideologisch keine Opfer sein können beziehungsweise dürfen, also Opfer, die aus einer miserablen Sozialisation oder Erziehung heraus zu Gewalt tendieren, fallen eben auch sämtliche mildernden Umstände weg. Für diese Behauptung gibt es auch im zeithistorischen Strafvollzug jener Länder, die mit einem einigermaßen zuverlässig arbeitenden Grund- und

Strafrechtssystem arbeiten, Beispiele in Hülle und Fülle. Manch männlicher Jugendliche weit vor der Volljährigkeit kam – Beispiel: USA – schneller auf den elektrischen Stuhl als zu einem qualifizierten Bildungsabschluss.

Straffällig gewordene männliche Teenies kommen auch weiterhin schneller zu Gefängnisstrafen als zu Therapieangeboten, mit der Ausnahme vielleicht von Holland und Dänemark. Erzieherische Härte, langjährige emotionale Unterversorgung oder auch sexueller Missbrauch bekommt ein männlicher Mörder X aus der Jugendgang Y im Ghetto Z nicht strafmildernd ausgelegt oder angerechnet. Exakt damit aber wedelt jedes mit dem Gesetz in Konflikt geratene junge Mädchen vor den Richtertischen herum. Oder ihre Anwälte tun es. Oder ihre Eltern. Oder ihre Jugendhelferin. Oder ihre Rechtshilfeberaterin vom Frauen-Notruf. Jungs werden schlicht von allen Seiten geschnitten: Ob in Charkow, Marseille, Caracas oder Buenos Aires – ihre Sozialisationsbedingungen werden ignoriert, die mit daraus resultierenden Verletzungen der Rechte anderer aber mit weit weniger Einfühlung, weniger Milde, weniger Nachsicht und einer oft an Erwachsenen gemessenen Härte geahndet. Jungs sind die Geprügelten. Und die Geprügelten legen sich, der Realität standzuhalten, oft einen rettenden Interpretationsmodus zurecht: die «Moral von der Geschicht». In diesem Falle leiten Jungs aus der Tatsache, härter als Mädchen «rangenommen» zu werden, härter bestraft zu werden, einen Stolz ab. Aber eben einen falschen. Motto: Wer ernst genommen wird, bekommt eine höhere Strafe, wird damit behandelt, als gehöre er zum erlauchten Kreis der «Großen», soll heißen: der erwachsenen Männer, der Machthaber. Aus demselben dusseligen Blickwinkel mussten auf der «Titanic» alle Jungs, die 16 Jahre waren, schon mal mit ihren Vätern im Nordatlantik ertrinken. Viele waren wohl noch beim Ersaufen stolz darauf, dazuzugehören.

Lebensrisiko Mannsein, Lebensbonus Frausein. Es setzt sich fort bei der Strafzumessung für Verbrechen und beim Strafvollzug selbst. Aus der Statistik sei nur wenig herausgegriffen. Für identische Verbrechen kommen Männer nicht nur beim Strafmaß um bis zu 75 Prozent schlechter weg, sondern auch in den Bereichen Kautionsstellung, vorzeitige Entlassung oder Umwandlung von Haftstrafen in Bewährungsstrafen[73]. Diese Zahlen aus den USA werden gebündelt mit zwei Gegenüberstellungen. Seit 1976, dem Zeitpunkt der Wiedereinführung der Todesstrafe in den USA, sind weit über 100 Männer hingerichtet worden – und eine Handvoll Frauen. Nicht dass Frauen niemanden umgebracht hätten: 40 000 Morde wurden von Frauen in dieser Zeit verübt, neunzig Prozent ihrer Opfer waren – Männer. Im Grunde ist die Todesstrafe in den USA also eine reine Männerstrafe. Und, wie gehabt, in die Debatte gerät diese Strafe nur, wenn einer Frau einmal wirklich die Giftspritze droht. Vierzehn Jahre lang, von 1984 bis 1998, wurde keine Frau in den USA hingerichtet. Als es im Staate Texas dann Karla Tucker (damals 38) treffen sollte, lief eine Nation Sturm. Der Begnadigungsausschuss tagte. Es galt, die Gnadenappelle zu sichten, darunter auch einen von Papst Johannes Paul II. Sie habe in der Zelle zu Gott gefunden, sei geläutert, ein anderer Mensch geworden. Und sie sei doch eine Frau. «Warum», empörte sich der Sprecher einer schwarzen Bürgerrechtsorganisation, «gibt es so einen Medienzirkus um Karla Tucker? Wenn es um einen schwarzen Jungen geht, der Gott fand und sich zum Guten geändert hat, dann lässt sich hier niemand sehen»[74].

Der US-Bundesstaat Wisconsin wendet für einen weiblichen Sträfling rund 2000 Dollar auf im Monat, für einen männlichen rund 1000 Dollar. Dennoch, niemand ist überrascht, sind die allermeisten Pressemeldungen befasst mit der Misere der Frau im Strafvollzug, der Frau im Gefängnis, der Frau in der Männerjustiz. Und noch eins: Da Strafen für Frauen viel öfter als bei Männern zur Bewährung ausgesetzt werden (Männer sitzen ab, Frauen bewähren sich), wurden staatliche Untersuchungskommissionen mit trainiertem, frauenbewegtem Blick sogleich fündig: Frauen, hieß es, würden diskriminiert, weil mit viel längeren Bewährungsstrafen belegt. Sehr trickreich! Keine Untersuchungskommission wurde auf den Missstand angesetzt, dass Männer schneller im Loch landen und länger im Loch sitzen, weniger Therapieangebote, weniger gut ausgestattete und dazu hemmungslos überfüllte Gefängnisse hinnehmen müssen – ganz absehend von härteren Strafen für identische Vergehen und Verbrechen[75]. Eine solche Untersuchungskommission – gäbe es jemanden, der es wagte, sie einzusetzen und loszuschicken – würde unter dem Trommelfeuer von Frauenverbänden und Frauenkampfblättern zusammenbrechen und die Arbeit bald hinschmeißen. Eine solche Kommission ist tatsächlich augenblicklich in keinem «fortschrittlichen», keinem demokratischen Staat opportun. «Gleichstellung» ist also verkommen: Die Lage für Frauen wird ständig de jure und de facto verbessert, ihr Schutz wird perfektioniert, zudem ist er Männer- wie Frauensache. Auch männliche Senatoren, männliche Gouverneure, männliche Justizminister und Staatsanwälte wollen ihren Job behalten. Und sie wissen, was dem nutzt und was nicht. Gar nichts würde eine Initiative nutzen, die Lage der männlichen Sträflinge zu verbessern. Wer will denn so was? Also bitte. Und so wird die Lage der männlichen Gefangenen gar nicht als mangelhaft oder reformbedürftig wahrgenommen – sie ist nur so, wie sie eben ist. Männer sind nichts wert.

Gefängnisreportagen gewinnen dann an Engagement und Intensität im internationalen Blätterwald, wenn die Lage weiblicher Strafgefangener behandelt wird. Männer im Gefängnis sind das Übliche, und sie sitzen zu Recht. Außerdem haben Männer ein dickes Fell und vertragen das. Frauen ins Gefängnis zu stecken ist fies und gemein und unmenschlich, und deshalb gilt es, an ihrem Schicksal teilzuhaben und mitzufühlen. Ob Farb- oder Schwarz-weiß-Fotoreportage über Frauen im Gefängnis – ein Tenor wird unverfroren durchgehalten: Mordende, gewalttätige, straffällig gewordene Frauen haben Unrecht getan ausschließlich gegen sie bedrohende, missbrauchende oder vergewaltigende Männer, demnach eigentlich «nur» aus purem Selbstschutz, aus purer Notwehr. Die seltenen Einblicke in die Institution Frauengefängnis kommen in Illustrierten oder Magazinen meist kurios überzogen daher, weil sie angefertigt werden vor dem Hintergrund der Überzeugung, dass doch nicht sein kann, was nicht sein darf. Schnell filtrierbare Quintessenz aus dem Buchstabensalat dieser Artikel: Die Gesellschaft sollte sich was schämen, überhaupt nur daran zu denken, Frauen einzusperren[76].

Die engagierte Fotografin Jane Evelyn Atwood kommt nach Recherche- und Fotoarbeiten in Frauengefängnissen für den «Stern» zu dem Schluss: «Um Feministin zu werden, genügt es, sich Frauengefängnisse anzuschauen.» Wahrscheinlich hat sie sich Männergefängnisse nie angeschaut – oder eben entscheidend mit anderen Augen. Denn sie schüttet sich in ihren Berichten zwar aus über Einsamkeit, Gewalt und Vergewaltigung hinter Gefängnismauern, aber alles, was sie beklagt, ist entweder ebenso oder mit einem Faktor X noch kruder, krasser und alltäglicher in einem Männerknast – sagen wir, nur zwei Beispiele, in Rumänien oder der Türkei. Aber nein, weil Frauen sich diesen Realitäten stellen müssen, sind sie eo ipso schlimmer, tragischer, tödlicher. Den Grund liefert Atwood, Expertin im halbherzigen Öffnen eines der beiden Augen, ebenfalls paradigmatisch gleich mit: «Frauen sitzen wegen Männern.» Das kommt, sozusagen, nicht mehr vollkommen überraschend. Männer sitzen, weil sie straffällig wurden, Frauen sitzen wegen Männern. Die besseren Menschen werden immer reingelegt.

Wiederkehrend fahrlässig, greift die Argumentation von Atwood zu kurz. Sie greift zu kurz, wenn sie sagt, dass «Frauen für die Männer ihres Lebens kriminell» wurden (die Fakten: Es läuft andersherum, Männer werden in weit höherem Maße für Frau, Freundin, Geliebte oder die Familie straffällig, was nicht selten mit ihrer Rolle als Brautwerber oder Versorger zu tun hat); sie greift zu kurz, wenn sie konstatiert, Frauen würden für den Gattenmord das Doppelte an Strafmaß aufgebürdet bekommen (zweimal Todesstrafe? Es trifft, siehe die Fakten zur «Death Row» in den USA, das Gegenteil zu); sie greift zu kurz, wenn sie tränendusselig feststellt: «In vielen Ländern sind Vergewaltigungen hinter Gittern alltäglich und werden stillschweigend geduldet.» Das stimmt. Nur: Atwood denkt ausschließlich an das Opfer Frau. Überwiegend aber trifft diese fatale Hackordnung sexueller Fremdbestimmung hinter Gefängnismauern die Männer. Was ja auch nicht verwundern kann – stellen sie doch den Löwenanteil der Eingelochten weltweit. Aber wenn vor allem homo-, aber auch heterosexuelle Männer in fast allen Gefängnissen weltweit vergewaltigt, missbraucht, gedemütigt werden, während Staat und Kirche wissentlich in einer Zuschauerposition verharren, dann schert dies keine Seele, schon gar keine weibliche. Eine Debatte zu diesem Unzustand fand und findet weder im Fernsehmagazin noch in der Wochenzeitung in angemessener Weise statt. Die Reports dazu aus – beispielsweise – türkischen, mexikanischen oder rumänischen Gefängnissen, gespickt mit vielen Details aus dem Katalog finessenreicher Inhumanität, gespickt mit Details aus der Praxis der psychischen Vernichtung durch opportun physisches Gefügigmachen, hätten, beträfe es weibliche Menschen, alle Mitfühlenden um den Globus berührt und sie zum Handeln gedrängt. So aber enden Berichte über den niemand ernstlich interessierenden Gewaltalltag im Männergefängnis so: «Ein Neunzehnjähriger bekam innerhalb einer Woche schlohweiße Haare – ein anderer verstummte für immer.»[77] Fertig. Aus. Und weiter in der Tagesordnung.

Unter Männern ist Vergewaltigung von Männern ebenso wenig ein Thema. Für die Gewalt, gerade auch die sexuelle Gewalt gegen Männer gibt es weder im Gefängnis noch in der Gesamtgesellschaft eine Antenne. In der Machowelt auch deutscher Gefängnisse ist das Verbrechen zwar allenthalben bekannt[78], aber für niemanden ein Grund, irgendwie oder irgendwo aktiv zu werden. Bis 1997 galt die Vergewaltigung eines Mannes nach deutschem Strafrecht ja auch als Kavaliersdelikt. Wenn sich ein Mann, schwierig genug, als Opfer einer Vergewaltigung zu erkennen gab, konnte nur wegen «sexueller Nötigung» ermittelt werden. Erst seit Juli 1997 macht das deutsche Strafgesetz keinen Unterschied mehr zwischen der Vergewaltigung einer Frau und eines Mannes. Ob aber davor oder danach – wer als männliches Opfer einer Vergewaltigung im Knast irgendwelche Hilfe einzufordern sucht, rutscht in der Gefängniswelt-Hierarchie nur nochmals nach unten. Ansonsten passiert gar nichts. In den Haftanstalten in den USA ist das Problem infolge großer kollektiver Zellen noch viel heikler und dramatischer. Auch hier sind sexuelle Gewalt oder ihre Opfer – zumeist jenes Frischfleisch-Freiwild der erstmals Verurteilten – nie ein Thema. Sind doch nur Männer.

Anschaulich grotesk bebildert wird das Lebensrisiko Mannsein vor allem im Fiktionalen von Film und Fernsehen. Wie überhaupt diese Ebene der so suggestiven zweiten Realität viel ehrlicher daherkommt als die Gesellschaft selbst. Metro-Goldwyn-Mayer, Paramount oder Columbia Pictures, 20th Century Fox und wie sie alle heißen, sie waren und sind mit ihren Werken realistischer als jede trockene Statistik. Lebensrisiko Mannsein, das erschließt sich auf Pantoffelkinoformat wie auf Kinoleinwand stets drastisch. So wie die allermeisten Opfer von Gewaltverbrechen im realen Leben Männer sind, so verschwenderisch drückt sich der Männerverbrauch auch im Spielfilm aus. Männer sind nichts wert. Ihr Tod berührt so viel wie das Zerdrücken der berühmten Raimund-Harmstorf-Kartoffel in der deutschen Verfilmung von Jack Londons «Seewolf»[78]. Welches Film-Genre wir heranziehen, Männer sterben ununterbrochen und in reicher Zahl. Die Himmelfahrt auf Zelluloid ist eine männliche Massenbewegung. Ob Western, Science-Fiction oder Fantasy-Film, ob Kriegsfilm oder Kriminalfilm, ob Film-Noir-Klassiker oder Charles-Bronson-Hymne, ob Alcatraz-Gefängnis-Drama, ob «Marathon-Man» oder «Terminator» – abgemurkst werden oder erstochen, durchbohrt, gefoltert, von MG-Salven durchsiebt, von bösen Cowboys erhängt, von Indianern gemartert oder von Außerirdischen eingeschmolzen und zu modischen Aschenbechern verformt: Das alles ist männliches Schicksal.

Dies alles mit weiblichen Menschen auszustatten, von der Drehbuchidee bis zum fertigen Film, verbietet sich die vorherrschende Kultur auf diesem Planeten. Frauen sind doch so zart, so scheu, so unschuldig, so verletzlich, so hilflos! Ich denke, sterbende Frauen im Unterhaltungsfilm (Abstechen – und weiter geht's!) würden als Ungeheuerlichkeit, als kultureller Fauxpas angesehen. Ihr U-Tod als eingequetschte Agentin, vom Killer-Auto an der Ziegelhauswand zermalmt, würde als unzumutbar unästhetisch betrachtet. «Spiel mir das Lied vom Tod» – die Mutter steht zitternd-hilflos auf den Schultern ihrer Tochter, den Galgentod vor Augen – eine solche Szene, ja schon allein der Gedanke an eine solche Szene würde als infernalische Gemeinheit wider den Gefühlshaushalt des Zuschauers abgelehnt. Frauen beschützt man! Sie werden gefälligst nicht auf dem Altar der Action-Kurzweil dröge hingeschlachtet.

Dafür gibt es Männer. Ihr Filmtod wirkt zumutbar, knackig, tough, eher rustikal, fast sportlich mitunter in seiner hingeworfenen Beiläufigkeit, er wird reuelos vollzogen, ohne Pein fürs Gewissen. Männertode werden dem Film verziehen, getötete Frauen nicht. So gering körperliche Unversehrtheit und diesbezügliche Würde des Mannes geachtet werden vor den Toren des Kinos, so gering ist sie auch gewahrt auf dem Filmstreifen. Männer sind nichts wert. Sie werden in Mengen niedergeballert – ob 007- oder Hongkong-B-Movie ist gleich, sie werden wie Müll in den Schredder geworfen, dass es den Magen herumdreht und leert. Kulturanthropologisch ist dies der kaum mehr als Kunst getarnte, letzte Entwicklungsschritt im Prozess der Verdinglichung des Mannes: aussuchen, funktionstüchtig machen, benutzen, funktionieren lassen, totmachen, wegwerfen. Und bei Bedarf schnell viele neue ranschaffen. Kino und Fernsehen sind ein großes, rauschhaftes Männersterbenlassen. Bei all den bemühten, gesellschaftskritischen Diskussionen, wie viele Morde und Tode denn die Kinder unserer Zivilisation an einem durchschnittlichen Wochenende im Idealfalle konsumieren können, wurde noch nie auf den Männeranteil verwiesen (98 Prozent). Keine Männergruppe, kein Menschenrechtler, kein findiger Jurist (von der Juristin rede ich gar nicht) hat sich jemals zur Aufgabe gemacht, zu diesem Ungleichgewicht, zu diesem Missverhältnis einmal eine zarte kleine Protestnote zu formulieren, seinen Ekel auszudrücken, gerichtliche Schritte anzudrohen. Aber der Filmtod von Männern wiegt nichts.

Der Tod einer Frau dagegen schwer. Sie steht sorglos hinterm Vorhang beim Duschen. Und sie wird kaltblütig gemetzelt. Dank Hitchcock. Weil ein solcher Tod so rar ist, bleibt er auch im Gedächtnis. Er ist Ausnahme von der Regel, schockierender, deshalb jeweils kalkuliert gesetzter, unfasslicher Tod an einem Geschöpf, das doch Leben spendet. Der Filmtod einer Frau – so er aus Pietätsgründen überhaupt einmal deutlich gezeigt wird – hat im guten, durchschnittlichen Film die Konsequenz, dass fünf bis fünfzig Männer ihn mit dem Tode bezahlen müssen. Eine Schandtat wie der gewaltsame Tod einer Frau muss dramatisch gesühnt werden, er muss aufgewogen werden. Oder andersherum: Wenn im Western-Klassiker einer Frau ein Leid zugefügt wurde, rächt der zum Racheengel sich auswachsende Ehemann dieses Leid mit einer ordentlichen, vom Zuschauer meist Leiche für Leiche befriedigt kommentierten Anzahl männlicher Opfer. Es kommt zum Leichen-Countdown des

Schein-Patriarchats. Den Allerbösesten, den Anführer, erwischt es am Schluss. Genickschuss, Bauchschuss, vor den Zug geworfen oder von der Klippe hinunter ins Nichts – maskuline Tode verschaffen Satisfaktion. Noch wenn es um die «Perle» einer Frau im Saloon von Very Dusty City geht, müssen sich ihre Buhler und Nebenbuhler gegenseitig wochen- oder monatelang auf den Fersen bleiben, ihre Pferde niederreiten, alle Wasserstellen vergiften und jeden Hinterhalt nutzen, um sich endlich auslöschen zu können. Bis zuletzt, dem Filmende sowie ihrem eigenen nah, drehen sie sich mit Kugeln im Bauch noch einmal herum, sehen ihrem ebenfalls nicht recht sterben wollenden Gegner ins Gesicht, heben die Waffe und machen – ein Männchen im Liegen, selbstverständlich in der Hoffnung, dass es die «Perle» vom Saloon sehen möge, wie er sich für sie spreizt. Kämpfen, sterben, Männchen machen – Ausdauer ist gefragt. Schließlich dauert es ja auch anderswo im Tierreich durchaus lang. Beim Glühwürmchenweibchen etwa. Da braucht es sieben Tage, bis die steten Leuchtsignale des Männchens endlich erwidert werden.

Wenn das Pin-up-Girl im Spind des emotional wie sexuell unterversorgten Jungsoldaten für einen Aufschrei der Empörung sorgt – Sexismus! –, dann sollte der Ekel erregende, blutspritzende Dauertod des Mannes im Film Ähnliches hervorrufen können. Bätsch – tut er aber nicht. Er wird genossen.

Wie sehr er genossen wird, zeigen Filme wie «Das Schweigen der Lämmer», «Grüne Tomaten» oder das sinnbildliche Opus «Thelma und Louise». Männer töten, Männer schlachten, essen oder, noch besser, in der Wüste aussetzen und sich selbst überlassen – schreiend lustig! Die im Film handelnden Frauen sind Heldinnen, sie werden von der Frauenszene verehrt, ihre

Einstellung wird als «selbstbewusst» und «emanzipatorisch» gefeiert. Ich kenne keinen Film, der in umgekehrter Weise planvolle und positiv codierte Frauenvernichtung vorführte. Ich kenne keinen Film, der den Tod von Frauen genussvoll beschriebe und bebilderte, danach Preise und Erfolge bei diversen Festivals einheimste und von allen Seiten belobigt würde. Er wäre unter den herrschenden kulturellen Bedingungen undenkbar. Sexismus gegen Männer gehört zur allerersten Sorte emanzipatorischer Unterhaltung. Nicht zuletzt, wenn er mit dem Gestus der Revanche für lange geduldetes Unheil hantiert. Sexismus gegen Frauen ist patriarchalisches Übel. Männer sterben. Frauen überleben – und fühlen sich als Opfer.

Das Motiv genüsslichen Männerentsorgens aus opportun definierter Selbstverteidigung heraus durchzieht auch die so genannte Power-Frauen-Literatur. «Nur ein toter Mann ist ein guter Mann» heißt da ein «Megaseller» in einem Verlagsprogramm. «Männer sind die besseren Leichen», schwärmt appetitanregend die Ankündigung zu einem Katzenkrimi von Rita Mae Brown[79]. Das stimmt – fast. Denn: Männer waren schon immer die häufigeren Leichen. Und sie sorgen, offenbar nie als unangenehm oder besorgniserregend eingestuft, auch sehr oft selbst dafür, den Status Leiche zu erreichen. Zum Lebensrisiko Mannsein gehört, dass Männer um ein Vielfaches häufiger ihr Leben selbst beenden. Wer den Tod sucht, mag sein Leben nicht. Oder? Wer den Tod sucht, mag es zumindest so, wie es ist, nicht mehr länger dulden. Orientieren wir uns an der Beschreibung der Lebenssituation von Frauen seit dem Ende des Matriarchats, wie sie feministischer Exegese entfleucht, so wäre zu erwarten gewesen, dass wir den Freitod als eine Domäne weiblicher Schmerz- und Leidensabwehr vorfinden. Sagen wir

– als Tor der Befreiung aus unerträglich ungerechten Lebensumständen.

Aber nein, es ist ganz anders. Männer, die Mächtigen, die Profiteure, vollziehen den Verzweiflungsakt Freitod. Frauen, aus der Heerschar der gegängelten, geknechteten, abhängig gehaltenen Opfer, sehen dazu keine Veranlassung. Im «Patriarchat» stehen die Männer offenbar stets kurz vor der Verzweiflung, die der Überforderung und der Entfremdung vom Leben folgt, sie stehen vor der Mauer der Machtlosigkeit. Denn nichts anderes sind die vielen leisen, unhörbaren, versteckten, nie recht thematisierten individuellen Entscheidungen, den Tod dem Leben vorzuziehen. Es sind Zeichen der Machtlosigkeit. Kongruent zur unterschiedlichen Lebenserwartung von Frauen und Männern evoziert dieser männliche Verzicht aufs Weiterleben die Feststellung: Handelte es sich um Frauen, die da um ein mehrfaches häufiger den Freitod suchten als Männer, taugte dies als Indikator für ein dramatisches Gerechtigkeitsgefälle zugunsten der Männer. Und die Frauenbewegung könnte mit allem Nachdruck formulieren: Wer Bestimmungsmacht in Händen hält, kann sich das Leben doch so einrichten, dass es ihm nützt, dass es ihm gefällt, dass es ihm entspricht. Wer zu den Kriegsgewinnlern im Geschlechterkampf zählt, kann sich Verzweiflung vom Leibe halten. Zu diesen aber gehören die Männer nicht. Selbstmordraten sind übrigens auch nicht – wie es häufig geschieht – Manövriermasse für Interpretation nach Gutdünken. Der Tod ist ein Faktum, und der Tod von eigener Hand straft alle Thesen von der Macht der Männer Lügen.

Den Freitod wählen Männer nicht nur in den berüchtigten Hochburgen der Schwermut, den europäischen Zentren tragischer Melancholie, in Böhmen, Mähren und in Portugal. Nein, generell zeigt sich das stark geschlechtsspezifische Selbstmordgefälle nationen- und kulturübergreifend. Die Zahlen als solche offerieren vor allem da Erkenntnisse, wo sie die Deformation einer Persönlichkeit durch das Anforderungsprofil divergierender Geschlechterrollen auf den Punkt bringen – im direkten Altersvergleich. In der frühen Jugend von Vorschulalter und Grundschule sind die Selbstmordraten von Jungen und Mädchen noch weitgehend auf gleichem Niveau. Die Schere geht auseinander, wenn Jungen unter den Erwartungs- und Leistungsdruck ihrer Geschlechterrolle geraten. Im Alter zwischen zehn und 14 Jahren, so etwa die US-Statistik, ist die Selbstmordrate der Jungen bereits doppelt so hoch wie die der Mädchen. Die Jahre der Pubertät sind immer schwere Jahre. Für Mädchen jedoch offenbar leichter schwer – weil sie emotional rücksichtsvoller, kommunikativ persönlicher, wärmer und damit tiefer verwurzelt werden in der Familie.

Im Alter zwischen 15 und 19 Jahren, der Zeit der ersten sexuellen Kontakte und ersten Bindungen sowohl in als auch jenseits der Peer-Group, ist die Selbstmordrate bei männlichen Jugendlichen bereits viermal so hoch wie bei den weiblichen. Zwischen 20 und 24 Jahren, in der Zeit des Eintritts in den Beruf, des Studiums, der ersten festen Beziehungen, ist die Rate bei den jungen Männern sechsmal so hoch wie bei den jungen Frauen. Bitter resümiert: In der Zeit, in der über die sicherlich vielfältig vorhandenen Probleme der pubertierenden Mädchen, ihre Identitätssuche, ihre Fragen nach emotionaler, sexueller, bildungs- und statusbezogener Rollenfindung ganze Jugendmagazine voll geschrieben, Jugendsendungen zugeredet und Tausende von Hilfs- und Beratungsangeboten aufgebaut werden, bringen sich die jungen Männer um[80].

Seiner Rollenzuweisung und der dahinter aufgereihten Rollen-
imperative ist sicher der junge Mann klar bewusst. Seine Selbst-
mordgefährdung steigt steil an – um 25 000 Prozent, ausgehend von den Zahlen der bis zu Zehnjährigen im Vergleich
zu den 20- bis 24-Jährigen. Das wesentliche Defizit eines
Männerlebens im «Patriarchat» bleibt durch jede Biographie
eines männlichen Menschen hinweg ein Kontinuum: Die Abrichtung zu einer gesellschaftlich nachgefragten Funktions-
größe halbiert den Menschen zum Mann. Der Halbierte opti-
miert intellektuelle und / oder handwerkliche Fähigkeiten, des-
integriert sich aus emotionalen Bezügen, steht fortwährend
mehr neben als in «seiner» Familie, entbehrt deren privatimes
Netz aus Aufgehobenheit und Geborgenheit. Männer sind
händeringend verzweifelte Diener eines Männerbildes. Die institutionalisierte seelische Amputation des Mannes macht ihn
zeitlebens abhängiger von äußerem Erfolg und anfälliger für
Misserfolg oder Ablehnung. Kein Wunder, dass dies auch noch
– und gerade – den alten Mann trifft. Er kann sich über die Er-
ledigung äußerer Pflichten und das Meistern funktionaler Aufgaben nicht mehr definieren. Die Selbstmordrate der Männer
über 75 Jahre ist in den USA neunmal so hoch wie die der alten
Frauen.

Obschon bei allen harten Fakten der Lebenswirklichkeit
Frauen in der Regel mit einem Bonus versehen werden – einem
Opferbonus, einem Unschuldsbonus, einem Schutzbonus –
und sie damit eher eine für sie freundlich verfasste Welt vorfinden, gilt diese als in Wert und Qualität defizitär für Frauen.
Warum? «Women, children, the elderly, they don't know any-
thing about four-party-talks. They want to eat. They want to
live»[81]. Das sagt der amerikanische Kongressabgeordnete Tony

Hall aus dem Bundesstaat Ohio. «Frauen, Kinder und die Älteren», sagt er, wollen nicht komplexe politische Gespräche, «sie wollen essen, wollen leben.» Hall meinte die Menschen in Nord-Korea, die die Misswirtschaft der kommunistischen Diktatur in ihrem Lande 1997 mit einer Hungersnot bezahlen mussten. Die Gruppe, die Tony Hall nicht heraushebt, ist die, der er selbst angehört: keine Frau, kein Kind, kein alter Mensch – er ist nur ein Mann. Hier kehrt sich paternalistische Ideologie um in einen gefährlichen Sonderstatus, der im Grunde nur ein hübsch verpacktes Defizit, nämlich Selbstverleugnung bedeutet. Wir sind wieder auf der «Titanic». Männer wollen nicht essen? Nicht leben?

Das «Frauen und Kinder zuerst!» steckt weiter tief in männlichen Köpfen. Nachrichtenagenturen melden bis heute ihre Nachrichten auf der Basis dieses Musters. Herausgegriffen sei eine Meldung der Deutschen Presse-Agentur aus dem Tagesgeschehen des 8. Juli 1997. Ein Bombenanschlag auf einen Personenzug im indischen Bundesstaat Punjab. «Die Explosion», so dpa, «ereignete sich, nachdem der Zug den Bahnhof verlassen hatte. Die Bombe zerriss den vierten Wagon. Unter den Toten sind Polizeiangaben zufolge sechs Frauen und vier Kinder»[82]. Frauen und Kinder erscheinen auch hier, in der rein nachrichtlichen Darstellung, als Einheit höheren Wertes, wie gewohnt eine Extraerwähnung und, dahinter stehend, ein Extramitgefühl wert. Insgesamt forderte das Bombenattentat 48 Opfer. Abzüglich der wichtigen Opfer, Frauen und Kinder, wurden also 38 Männer getötet.

Konstruiertes Beispiel als Sinnbild der Geschlechterdebatte, wie sie aktuell geführt wird: Terroristen entführen ein Flugzeug. Nach langen, ergebnislosen Verhandlungen lassen sie zumindest die Geiseln frei, die wirklich wichtig sind, also jene, die weiblich sind oder Kind. Auch Terroristen haben, man staune, den ideologischen Code vom schützenswerten, weil unschuldigen und lebensspendenden Gut weiblichen Lebens verinnerlicht. Daran hielt sich, unter anderem, ja auch ein geschlechts- wie kulturübergreifend gehasster Autokrat wie der Iraker Saddam Hussein. Männer sind nichts wert. Aber bleiben wir beim konstruierten Fall. Unsere beispielhaft agierenden Terroristen sprengen nach gescheitertem Vermittlungsversuch in einem letzten Akt gewalttätig nach außen geleiteter Verzweiflung das Flugzeug mit sich und ihren männlichen Geiseln in die Luft. Die Frauen bleiben übrig, die Kinder überleben. Die Welt ist entsetzt und erzürnt. Die Presse berichtet in Wort, Bild und Film. Die Welt kümmert sich um die Überlebenden als Opfer eines grausamen Gewaltaktes männlich-fanatischer Terroristen. Interviews mit den Opfern gehen um die Welt. Ein Spendenaufruf sorgt dafür, dass die nun ihrer vorherrschenden Einkommensquelle Beraubten zumindest mit einem passablen Übergangsgeld versehen werden. Bis der nächste Ernährer sich meldet.

Genau so verdreht und obskur zeichnen sich alle politisch-gesellschaftlichen Vorhaben ab, die unter der Flagge der Gleichberechtigung und Frauenförderung segeln. Nicht nur Männer sind nichts wert, auch ihre Interessen interessieren nicht. Die gelten als abgehakt, bekannt, bereits berücksichtigt, weil die Welt doch eine Männerwelt schon ist. Und so kann weiter und noch stärker als vorher alles Weibliche als mit einem Extra versehen empfunden werden, als *besonders* erlebt werden.

Die gonosomale Apartheid breitet sich im Kriechgang aus, aber sie hat doch stetige Geländegewinne zu verzeichnen. Behütung, Schutz, Sonderbehandlung und die Verteidigung der ja von Männern erst als Geisteshaltung installierten «Unschuld der Frau» zeichnet Frauenpolitik seit einem Vierteljahrhundert aus. Zu ihrer Verwirklichung gibt es Frauenministerien, Frauenbeauftragte, Frauenförderpläne, Frauenquoten; es gibt nicht nur Frauenparkplätze (die schönsten, besten und hellsten, für Männer reichen die schmuddeligen, müllumsäumten, verpissten und unbeleuchteten), sondern aufwendig gestaltete Frauenparkhäuser (männergesteuerte Autos: Wir müssen draußen bleiben); es gibt nicht nur den Muttertag (den rief US-Präsident Woodrow Wilson am 9. Mai 1914 aus), sondern auch den «Mädchentag» in bundesdeutschen Jugendhäusern mit besonders einfühlsamen Recherchen und Gesprächen[83] zu «Liebe, Freundschaft und Sexualität» (brauchen Jungs nicht, die kommen ja eh, wie leicht zu erkennen, bestens damit klar); es gibt bundesweit Mädchenaktionstage, Mädchenprojekte, es gibt gar eine «Mädiale»[84], die, vollkommen geschlechtshomogen, die endgültig-ideale Welt suggeriert, und es gibt Mädchencafés schon für die kleinsten Frauen, nämlich räumlich separiert bereits im Kinderhaus[85]; es gibt für alle Belange und Fragen innerstädtischen Verkehrs den «Frauenverkehrsbeirat»; es gibt feministische Migranten-Interessenverbände (Frauen wandern anders aus und ein, Männer brauchen keine Integrationsförderung, keine Hilfen gegen alltäglichen Rassismus, weil sie sich überall sofort hervorragend auskennen und allenthalben beliebt sind); es gibt die «Frauen-Uni» (wenn auch nur als 100-Tage-Modell); es gibt Frauen-Theater (ich kenne keine Aufführung von und mit Männern, auf deren Werbeplakat der Satz auftaucht: «Zur Veranstaltung am Sonntag um 20 Uhr sind auch Frauen zugelassen»[86]), Frauen-Kabarett wie die «Misfits» («am Anfang haben wir nicht mit Männern gespro-

117

chen und nicht für sie gespielt») und es gab – einstweilen gescheitert – das «Fernsehen für Frauen» (tm3); es gibt das «frauengerechte Haus» («von den Küchenzonen aus können die Mütter spielende Kinder im Hof und in den anderen Räumen überblicken. Die Wohnungen sind so flexibel gestaltet, dass Räume je nach Bedarf zusammengelegt oder abgetrennt werden können. Alle Wohnungen sind dem Gemeinschaftsraum zugeordnet, haben Terrasse, Balkon oder Loggia» – ganz eindeutig und umfassend: nichts für Männer)[87]; es gibt «frauengerechte Wohnungen» («damit soll es Frauen erleichtert werden, Familie und Beruf leichter zu verbinden», ganz klar nur was für Frauen, Männer wollen nur arbeiten gehen, Fußball spielen, schlafen, arbeiten gehen, Fußball spielen, schlafen, arbeiten gehen, Fußball spielen, schlafen …)[88]; es gibt gar die «frauengerechte Stadt» als Ziel «frauenpolitischer Leitbilder» (die autogerechte Stadt ist männlich, die frauengerechte menschlich, also Männer: Ab in die Autos, wo ihr hingehört!)[89] und – Finale der Zukunftsfreuden – die «Stadt der Frauen»[90], in der endlich alles gleichermaßen Machbare und Wünschenswerte für die Besonderen und Bedürftigen, also Mädchen und Frauen, reserviert bleibt (das «frauengerechte Bauen» für die «Stadt der Frauen» wird werbetüchtig in Wien umgesetzt. Der Stadtteil mit 360 Wohnungen wird ausschließlich von Männern erstellt – Tiefbau, Hochbau, Straßenbau, Innenausbau, Gartenbau und alles Übrige. Garantiert ist jedoch, dass sich diese Männer nach Fertigstellung der Arbeiten sofort und unauffällig zurückziehen in ihre stinknormalen, männertüchtigen Wohnlöcher im Silo).

Da Männer weiterhin die allermeisten Arbeitsplätze besetzen, selbstverständlich auch die gut bezahlten, wird die oben skizzierte, organisierte Rücksichtnahme auf «weibliche» Bedürfnisse hauptsächlich von Männern bezahlt. Ein Fakt, der nur selten Erwähnung findet. Meist ist in diesbezüglichen Finanzierungsdiskussionen nur abstrahiert von «Steuergeldern» die Rede und nicht vom Großteil «männlicher Steuergelder». Immerhin, denkt manche Frau – so machen sich Männer zumindest über ihren Wertschöpfungsanteil und das von ihnen erbrachte Steueraufkommen ein klein wenig nützlich. In Wien betragen die Kosten für die «Stadt der Frauen» rund siebzig Millionen Mark (aufgebracht von der Stadt Wien und einer Wohnungsbaugenossenschaft). In Frankfurt, um einen anderen Etatposten zu benennen, kosteten die städtisch bezuschussten Frauenprojekte im Jahre 1996 zweieinhalb Millionen Mark. Hoch gerechnet auf jede Gemeinde, jede Kleinstadt, Mittelstadt, Großstadt, auf jeden Kreis, jedes Regierungspräsidium, jeden Landtag und den Bundestag, nicht zu reden von Stiftungen, Institutionen, Vereinen, transnational konstituierten Gremien und so weiter und so fort – hoch gerechnet also ergibt sich da ein erkleckliches Sümmchen, das zur Befriedigung der Anforderungen gonosomaler Apartheid zur Verfügung steht. Und es ist ja erst der Anfang.

Wie war das noch mit den Damen aus der ersten Klasse, die in einem der Rettungsboote der «Titanic» saßen? Der stolze Dampfer war endgültig gurgelnd versunken, die Nacht war sternenklar und ganz ruhig. Bis auf die nervtötenden Schreie der Männer, die mit Schwimmwesten um den Leib ihrem eiskalten Ende entgegenzappelten und schaurig laut schrien. «Da schreien die aus der dritten Klasse», bemerkten die Damen, so Ohrenzeugen, «die haben den Untergang verschlafen und nun sind sie hysterisch!» [91]

Und wie war das mit den wenigen geretteten männlichen Besatzungsmitgliedern der «Titanic»? So: Die überlebenden Stewards, Heizer, Trimmer, Köche, Kellner und Matrosen waren gezwungen, sich umgehend einen neuen Arbeitsplatz zu suchen. Schließlich war ihr alter Arbeitsplatz untergegangen. Die Reederei stellte alle Zahlungen ein. Niemand protestierte. Männer können keine Opfer sein. Männer sind Männer.

KAPITEL 6

Das unbekannte Wesen I.

Hat ein X und ein Y. Sagt nie was. Zahlt die Rechnungen. Produziert zu wenig Endorphine. Macht schlapp im Laufrad. Ist ein Witz.

Rotterdam (dpa). «Männerkunde» wird vom Sommersemester 2000 an als neues Studienfach an der niederländischen Universität Leiden eingeführt. Die Niederländische Gesellschaft für Frauenstudien hofft, dass es die Männerforschung vorantreiben werde. «Vielleicht wird nun endlich klar, warum Männer so oft kriminell werden», sagte eine Sprecherin.

Diese Meldung kam kurz vor Weihnachten 1996 auf die Tische der Nachrichtenredaktionen[92]. Stets litten und leiden Frauen unter Männern – und nun «Männerkunde» in Leiden. Wie sich doch alles fügt. Männerkunde? Aufs heftigste muss sich der zeitgenössische Mann dies wünschen, sowohl zum Nutzen der modernen Frauenbewegung wie zum Nutzen für sich selbst. Leider macht jedoch der zitierte Satz der anonym bleibenden «Sprecherin» der Gesellschaft für Frauenstudien alle zart keimende Hoffnung auf tatsächlich umfassende Kunde zunichte. Offensichtlich soll nicht die Situation des Mannes erkundet und verstanden, sondern wissenschaftliche Bestätigung für schon Behauptetes ersammelt werden. Die meisten Kriminellen sind männlich. Dies wissen die Frauen in Holland bereits. Also fragen sie ganz ernsthaft nach der wohl wichtigsten Voraussetzung, die es braucht, um kriminell zu werden. Die Antwort liegt nahe, ja – sie liegt auf der Hand und muss offen gar nicht mehr ausgesprochen werden. Eventuell ist Kriminalität an sich sogar männlich. Immer gewesen. Jedenfalls: So macht «Männerkunde» Spaß, so hilft «Männerkunde», die Welt, wie sie ist, zu verstehen. Und auch andersherum wird ein Schuh draus – denn wer bekämpft denn nun diese ganze Kriminalität vom einfachen Raub über Bestechung, Totschlag bis zum Plutonium-Schmuggel? Sicher doch ausschließlich die Frauen – oder?

Es ist alles so kompliziert. Und diese Männer selbst, die sagen nie was. Das weiß jeder, das weiß jede, vielmehr: Jede und jeder weiß davon, dass es so oder so ähnlich schon immer gesagt wurde. Kein Wunder demnach, dass es auch die Redaktion der Fernsehprogramm-Illustrierten «Hör zu» weiß. «Immer mehr Frauen nervt es – nur sie kennen die Gründe nicht: Ist ihr Mann», fragt das Blatt schon auf der Titelseite[93], «auch ein Schweiger?» Zu Wort kommen zum Thema sodann ein Experte (unwichtig) und vier Frauen im «Kurzinterview» (wichtig). Lesen wir doch mal. Maria Alves, 31: «Nach zwei Jahren war Schluss. Er wollte nie über Probleme sprechen, spielte ‹heile Welt›»; Inge Siebert, 26: «Bei emotionalen Gesprächen kapieren die nicht, was Frauen fühlen»; Nadja Lischke, 24: «Ich rede offen über meine Gefühle. Männer tun mir Leid, die sind zu verklemmt»; Carmen Möbius, 43: «Schweigen ist der Tod der Beziehung. Männer können's nicht verstehen.»

Was «Männer so zu sagen haben, wenn sie nicht reden», füllt viele Klatschspalten. Das Thema fasziniert auch die Kolumnistin Constanze Kleis[94]. Das «Schweigen der Männer», mutmaßt sie, erspare den «unfairen Kampf mit der bekanntlich sprachlich begabteren Frau», weshalb Männer die Verbalsprache hinter sich ließen und ersetzten durch wenige prägnante, internationale anerkannte Zeichensprachen-Codes wie den «Dackelblick in der Eckkneipe» (Bier her!), das «Zischen, Hecheln, Sabbern beim Anblick einer attraktiven Frau», den «Stinkefinger», die «geballten Fäuste», den «beherzten Griff ins Gemächt» oder einzelne «gutturale Laute nach Essen, Sex und dem Kauf eines besonders günstigen Schraubenzieher-Sets». Männerkunde? Frauen wissen doch schon alles.

Vor allem wissen sie es besser. Das ist folgerichtig, schließlich sind sie auch sprachbegabter. Und – nie vergessen – sie sind die besseren Menschen. Außerdem ist das Phänomen der schweigenden Männer auch kein neues. «Die Ehe», sagte dazu Jean Patart, «ist jene uralte Einrichtung, bei der dem Mann die Augen aufgehen und der Mund sich schließt.» Da ist er wieder – dieser Männermund, der einfach dicht macht und sich nicht mehr öffnen will. Vielleicht, weil die Zähne zusammengebissen sind? Vielleicht, weil es hoffnungslos schwierig ist, so etwas wie Probleme einzugestehen, obwohl man der große Kriegsgewinnler ist? Vielleicht, weil «über seine Befindlichkeit» reden als klassisches Frauen-Gequassel eingestuft, dergestalt also eo ipso abzulehnen ist? Vielleicht, weil die Krisen der Männer immer als Vorboten nerviger Jammerlappigkeit in der Midlife-Crisis abgeurteilt werden, während die Thematisierung von Krise im Leben der Frau höchstes Ansehen genießt – als Streben nach neuer Identität, als erstes positives Zeichen im Kontext vom Ablegen der Fesseln, als stets fürsorglich bejahte Hinwendung zur schwierigen Selbstbefreiung? Vielleicht, weil die sich nach dem männlichen Mundöffnen entspinnende Debatte im Gewirr der Vorwürfe erbärmlich erstickt wird? Vielleicht, weil sich jede Beschwerde, jede Klage, jede Forderung eines Diktators fast unanständig anhören muss – gegenüber einem Opfer des «Patriarchats»? Vielleicht, weil Rollenerwartung und Rollenexistenz zu weit auseinander liegen und Verständnis nicht mehr erwartet wird, geschweige denn einzuklagen ist? Vielleicht, weil sich so ganz und gar persönlich zum Thema zu machen dem Manne von klein auf ausgetrieben wird und dieses so sozialisierte Defizit den «institutionalisierten Mann» gerade eben auszeichnet (Merke: Du bist nichts, deine Aufgabe ist alles)? Vielleicht, weil Männer vor der totalen Verunsicherung des Selbstbildes fliehen ins Verstummen (Strohhalm-Motto: Schweigend funktionieren ist besser als lauthals scheitern)? Vielleicht, weil es für alle Sorgen, Fragen, Nöte, Beschwerden und Forderungen von Frauen einen roten Teppich gibt, von der Frauenbewegung ausgerollt bis ins Herz der Gesellschaft, für einen Mann hingegen höchstens ein höhnisches Grinsen? Vielleicht, weil über sich, seine Gefühle, seine Defizite, seine Schwierigkeiten, seine Aufs und Abs und seine Tagesform offen zu reden einem Männchen im Konkurrenzdruck des Geschäftserfolges nicht als Professionalität und Beweis der Belastbarkeit angerechnet wird? Vielleicht, weil Jungs nicht klagen und jammern, sondern aufrecht durch den Feuerreifen laufen, unerschütterlich? Vielleicht, weil jedes Eingeständnis von weichen Knien und Nicht-mehr-weiter-Wissen von der Peer-Group als Unreife in der Lebensbewältigung ausgelegt wird?

Faktenstand für die Gesellschaftskunde: Es gibt institutionalisierte gesellschaftliche Sorgen, für die eine Anlaufstelle geschaffen wurde – namens Frauenbewegung. Es gibt scheinbar private Sorgen, die individuell verarbeitet werden, auch wenn sie persönlich höchst unverdaulich sind – das sind jene der Männer. Konstruierter Fall einer Durchschnittsfamilie mit einem Verdiener und drei Geldausgebern, die einen «Schweiger» herstellen. Anzusiedeln wäre der Fall eventuell in den späten siebziger Jahren. Die Frauenbewegung bewegt die Frauen, die Frauen sprechen alles aus, die Männer versuchen derweil «durchzuhalten»[95]: Sie fragt sich: «Warum heiße ich Frau Soundso – wo bleibe ich?» Oder: «Wenn die Kinder erwachsen sind, wird mein Leben noch einen Sinn haben?» Einmal fürchtet sie, dass ihr Mann sie nicht respektiert, dann wieder ist sie böse auf sich selbst, dass ihr überhaupt wichtig ist, was er denkt. Sie bringt ihre Sorge darüber laut zum Ausdruck. Er hingegen unterdrückt seine Sorgen und behält für sich, dass seine Frau sich für die Kinder, das Einkaufen und sich selbst mehr zu interessieren scheint als für ihn und dass er sich für seine Überstunden eher kritisiert als gelobt fühlt. Ihm kommt die Kommunikation einseitig vor, denn seine Frau äußert ihre negativen Gefühle, er diese aber nicht. Sie scheint Sex eher zu vermeiden als zu genießen. Es verletzt ihn, dass seine Frau nach der Heirat nichts mehr für ihre Figur tut und sich gehen lässt. Zurückgewiesen und unverstanden grollt er innerlich: «Was habe *ich* von dieser Ehe? Im Restaurant ist das Essen besser und ich kann nach der Karte essen; eine Haushälterin bekommt nicht die Hälfte meines Einkommens, meine Sekretärin ist attraktiver, hat mehr Respekt und kann sich besser in meine Arbeit einfühlen. Und überhaupt: Irgendein Produkt X zu verkaufen ist nicht eben das, was *ich* ‹Identität› nennen würde.» Im Gegensatz zu seiner Frau redet er nicht darüber, sondern frisst alles in sich hinein. Er bekommt Magengeschwüre oder Krebs und fängt an zu trinken.

Das ist nicht gut, wissen Frauen, nicht zuletzt Frauenmagazine und schließen: Männer können sich nicht recht um sich und ihre ureigenen Belange kümmern. Sie bleiben eben immer kleine Jungs, die Männer. Sie brauchen die Übermutter, sie brauchen die sorgende Frau, die hegende und pflegende Gattin an ihrer Seite. «Männerkunde» ist daher bei diesen schweigsamen Maschinen unverzichtbar. Besonders die für die weibliche Leserschaft konsumfreundlich abgefassten Periodika befassen sich daher gerne und ausführlich mit den Möglichkeiten der Frauen, die Maschine in Schwung zu halten[96]. «Schlafstörungen, Schweißausbrüche, Kopfschmerzen. Mal tobt er, mal hängt er apathisch im Sessel», schildert «Funk-Uhr» das bekannte Maschine-stottert-und-schweigt-nur-noch-Syndrom, wie es alle unterdrückten Frauen früher oder später zu spüren bekommen. «Bevor er eines Tages zusammenklappt», redet die Illustrierte klartextlich, «schicken Sie ihn zum jährlichen Gesundheitscheck!» Auf der Abbildung hierzu ist ein entblößter Männeroberkörper zu sehen, sehr knackig, am rechten Oberarm hängt das Blutdruckmessgerät. «Beim Körper-TÜV nehmen's die meisten Männer nicht so genau», heißt es im Begleittext. Von rechts ragt in eine Liste der weit verbreiteter Maschinenmängel eine fotografisch freigestellte Frauenhand hinein, die den vom Automobil-Kennzeichen so bekannten, schwarz-gelben Prüfstempel bereithält. Wo stempelt sie ihn ab, wo klebt sie das Prüfsiegel hin? Auf den Brustkorb? Auf den linken Pobacken? Auf die Innenseite des rechten Oberarms? Auf die Stirn? Anmeldung zur nächsten Hauptuntersuchung – wann war das noch mal?

Ganz klar – die Maschine muss laufen, damit alles andere läuft, damit überhaupt alles am Laufen gehalten werden kann und frau gut auf sich achten kann, damit sie Zeit für sich findet, für ihren Körper, für dessen Pflege, für das Haar, für das moderne Zeitmanagement, für den Aufbau des Rollen-Bewusstseins, für neue Motivationsstrategien mit NLP, für die Identitätsfindung. Diese Themen finden sich nämlich auf den anderen sechzig redaktionellen Seiten einer solchen Zeitschrift. Ein großer Teil der Frauen, die über Männer reden, als handele es sich um wehwehchenleidige Waschlappen, Warmduscher und Sitzpisser, kann sich nämlich Woche um Woche hingebungsvoll um hauttypspezifisch anwendbare Feuchtigkeitscremes, um teintstimulierende Revitalisierungsschaumbäder und das Drama gespaltener Haarspitzen kümmern. Und er? Zurück zur «Funk-Uhr»: «Er ist häufig gereizt, deprimiert, unkonzentriert? Dann liegt es vielleicht am Stress oder an der Midlife-Crisis. Was Frauen tun können: Helfen Sie ihm, sein Leben neu zu definieren, sich gesund zu ernähren. Motivieren Sie ihn, Sport zu treiben. Und vor allem: Bewahren Sie Geduld und Humor!» Das Einzige, was ernsthaft helfen könnte, bleibt unausgesprochen: Frau, übernimm bitte selbst den Stress des «äußeren Hauses» und lass die Maschine zu sich kommen. Aber nein – so weit geht der Humor nicht. Beim Rollentausch die ungesunde Karte zu ziehen, die bedenkliche Partie zu übernehmen, das wäre auch nicht mehr so witzig. So viel Einsehen ist – zumeist klammheimlich – schon vorhanden.

Aber bleiben wir noch einen Moment bei den Waschlappen und Warmduschern – den Männern. Beurteilungsstandards über sie werden durch Wiederholung zum festen Bestandteil des Glaubens. Männer wehklagten bei Krankheiten nicht nur wesentlich mehr als Frauen, so schildert es typischerweise «Für Sie», nein, sie litten auch tatsächlich stärker. Zum Beweis zitiert die Zeitschrift ein Forschungsergebnis aus Amerika. Woher sonst? Dort habe man herausgefunden, dass die Tränenflüssigkeit Endorphine enthalte, die Schmerzen lindere und die Stimmungslage positiv beeinflusse. Weil Männer – Schweiger, Verklemmte, Heulunfähige – deutlich weniger weinten, entgehe ihnen auch die Wirkung der Endorphine. Damit nicht genug. Schwedische Wissenschaftler behaupteten, dass der weibliche Körper durch den ständigen Wechsel des Hormonspiegels eindeutig besser mit Schmerz und Krankheit zurechtkommen könne. Damit immer noch nicht genug. Eine US-Studie ermittelte, dass Frauen besser auf Schmerzmittel ansprächen, weil das weibliche Hormon Östrogen sie in idealer Weise für morphinhaltige Stoffe sensibilisiere. Mit diesen und ähnlichen «Forschungsergebnissen»[97] verbinden sich lapidare medizinische und soziologische Oberflächlichkeiten. Ohne Tiefgang definiert es sich leicht. Erst werden Befindlichkeiten und Leiden geschlechtsspezifisch zugeordnet, dann werden zur Bestätigung der Zuordnung Enzyme, Hormone oder Gene entdeckt, benannt, für verantwortlich erklärt. Das Bestechende ist jedoch die suggestive Betriebsblindheit aller solchen irgendwie medizinhaltigen Welterklärungsversuche: Sie gehen schnurstracks am Ist-Stand vorbei. Wenn Endorphine Schmerz lindern und Frauen ohnehin viel mehr weinen, wenn ihr wechselnder Hormonspiegel sie vor Pein und Krankheit feit, wenn Östrogen für Schmerzmittel empfänglicher macht, ja dann gehen doch bitte alle Frauen als Heizerinnen und Trimmerinnen auf die «Titanic», dann gehen doch bitte alle Frauen auf die Bohrinseln, auf die Baustellen, in den Krieg. Die Starken und Gefeiten bleiben daheim, die Gefährdeten und Wehklagenden holen Kastanien aus dem Feuer und erobern die Welt? Das ist von hoch lodernder Logik.

Interpretationen und Schilderungen dieser Art nehmen wichtigen Platz weg. Zum Beispiel den für die ungeschminkte Wahrheit. Frauen nehmen – keine Mutmaßung, sondern nachgewiesene Realität – wesentlich häufiger als Männer medizinische Dienstleistungen in Anspruch, verstecken Trägheit, Überforderung, Lebensunlust oder sexuelle Unlust hinter Nebeln von Kopf- oder Leib- oder Gliederschmerzen und schreien in jenem Augenblick, in dem es tatsächlich Ernst oder unangenehm wird, lauthals auf –, dass es wehtut, dass es brennt, drückt, klemmt, sticht, stört, zu heiß oder zu kalt ist, zu unbequem, zu dreckig und so fort. Ein Klischee? Ja, aber eins cum grano salis. Ganze Frauengenerationen hatten sich zudem angewöhnt, bei der Überbringung von weniger guten Nachrichten in den Schonraum der Ohnmacht zu entschwinden, entweder um ordentlich bürgerlich zu wirken oder um ordentlich Zuwendung zu bekommen. Im Idealfalle beides.

Prüfen wir nach. Auch heute melden sich nach einer Flut- oder Überschwemmungskatastrophe einfach keine Frauen für den Dammbau. Trotz all der Endorphine. Trotz Östrogen. Vollkommen unverständlich. Zudem Frauen, so will es der französische Internist Pierre Joue entdeckt haben [97], über eine linke Herzkammer verfügten, die dünnwandiger und damit elastischer und leistungsfähiger sei als die von Männern. Um den Vorhang vor den tatsächlichen Zuständen hochzuziehen: Bis heute gefallen sich eher zu viele Frauen als zu viele Männer in der Wehwehchen-Darstellung, in der, auch im banalen Alltag, überproportionierten Hervorhebung von Schmerz, in der Kultivierung von Krankheit und Kränkeln, in Aufbau und Perfektion ganzer Leidensbiographien, die sich dann auch wieder hervorragend für die mitleidsleitenden Prozesse des Opfer-Paradigmas eignen. Nicht Männer suchen großflächig über die genannten Darstellungs- und Lebensmuster eine Bedürftigkeit nach Zuwendung und Mitleid aufzubauen, sondern Frauen. Und das, obwohl für den normenecht sozialisierten Mann «Krankheit» tatsächlich eine der wenigen Chancen ist, in den Genuss fast mütterlicher Zuwendung zu kommen, ohne als Weichei oder Pascha verschrien zu sein.

Die Funktionsmaschine Mann, so hat es die Neurologin Bente Pakkenberg vom «Kommonehospital Kopenhagen» herausgefunden, ist zumindest im Kopf nicht minderbemittelt. Im Durchschnitt 23 Milliarden Hirnzellen fänden sich dort – gegenüber 19 Milliarden bei den Frauen. Einmal absehend davon, dass das Erbsenzählen eher zum überkommenen, formalistisch-eindimensionalen Wissenschaftsrepertoire gehört, oft der Milchmädchenrechnung verwandt, fällt Forscherin Pakkenberg selbst auf sie herein. Das Resultat bekümmerte die Feministin in Bente, wiewohl zunächst rein quantitativ. Also forschte sie nicht nur, sondern kommentierte gleich mit. «Wir wissen nicht, wozu die Männer ihre zusätzlichen Hirnzellen verwenden», sagt Pakkenberg[95]. Vier Milliarden Hirnzellen mehr bei den Männern? Das muss relativiert werden. Zum Beispiel so: Nach bisherigen Erkenntnissen, so Bente, gäbe es keinen direkten Zusammenhang zwischen Intelligenz und der Anzahl von Hirnzellen. Außerdem sei es «besonders spannend» zu klären, warum die Gehirne von Frauen trotz der niedrigeren Zellenzahl genauso gut funktionierten wie die männlichen. Bevor irgendjemand nachfragen kann, ob dem denn wirklich so sei, dreht Feministin Pakkenberg den Spieß endgültig um und macht aus dem selbst erforschten Hirnzellenvorsprung männlicher Menschen ein offensichtliches Defizit, sozusagen ein zerebrales Missmanagement im männlichen

Schädel: Wenn mit 19 Milliarden Zellen genauso gut gedacht, gehandelt, gewirkt werden könne wie mit 23 Milliarden Zellen, sei die Hypothese doch, dass die Hirnzellen der Frauen besser miteinander verbunden seien. Endlich wären wir am Ziel: Der bessere Mensch ist nicht nur edler und moralisch besser – und sprachbegabter, sondern auch hirnfunktional besser!

Frauen würdigen Stress-, Angst- und Grenzerfahrungen von Männern, sofern sie von diesen überhaupt einmal ernsthaft geäußert oder zugegeben werden, entweder durch Verniedlichen oder spöttische Verneinung dieser lebensweltlichen Belastungen. Motto: Frauen übernehmen zwei Drittel der gesellschaftlichen Arbeit, der Rest ist Pipifax. Oder sie ergötzen sich an den Strategien a) und b). a) steht für die «Funk-Uhr»-Methode (wie achte ich darauf, dass mein Erich nicht schon vor dem Termin zur nächsten Hauptuntersuchung schlapp macht?), b) steht für die Methode «Für Sie» (wenn Männer quengeln, dann, weil sie stärker leiden; weil sie gar nicht wissen, wohin mit ihren Hirnzellen; weil sie viel zu selten weinen, also keine Endorphine produzieren; weil sie keine häufigen Hormonwechsel im Körper zelebrieren, also mit Schmerz und Krankheit nicht zurechtkommen; weil sie keine dickwandig-elastische linke Herzkammer haben, die allein echte Fitness, allein echte Kraftentfaltung und Stressbewältigung ermöglichen würde).

Es nimmt nicht wunder, dass Männer, sofern sie das Thema an sich heranlassen, dies eher mit Männern debattieren, die ihr Bewusstsein daraufhin schon geschärft haben. Bildungsurlaube oder Weiterbildungsseminare deutscher Männerbüros mit Titeln wie «Wenn mein Körper HALT sagt», «Kleine und große Helden in Not», «Der abwesende Vater – Söhne ohne

Vater», «So hatte ich mir das nicht vorgestellt ...» oder auch «Männer entdecken ihre Väter»[99] sprechen eben eine andere Sprache. Vor allem wagen sie eine andere Ansprache. Sie pirschen sich an schweigende Männer mit Empathie heran, sie lösen deren arretierte Zunge. Sie gehen nicht pauschal vom männlichen Wohlleben, von der Macht, von der Vorherrschaft des Mannes über die Frau aus, sondern vom Mann als Hamster im Rad.

Der Hamster lernt das Laufen früh. Er lernt auch bald, welche Laufrichtung zu bevorzugen ist. Weil sie schlicht erwartet wird. Und er lernt bald, welche Laufgeschwindigkeit angebracht ist. Weil sie mehr Eindruck macht, gut ankommt, belohnt wird. Nehmen wir als Beispiel für einen inzwischen mittleren Hamsterjahrgang den Hamster Warren Farrell: «Als Teenager hatte ich Spaß am Babysitting. (Ich mochte Kinder wirklich, aber es war auch die einzige Möglichkeit, dafür bezahlt zu werden, dass ich den Kühlschrank leer aß.) Dann kam ich in das Alter, in dem man sich mit Mädchen traf. Babysitting wurde aber leider nur mit fünfzig Cent die Stunde bezahlt, Rasenmähen dagegen mit zwei Dollar. Ich hasste Rasenmähen. (Ich lebte damals in New Jersey, wo wegen der Schwüle und der Insekten in der Mittagshitze Rasenmähen weit weniger angenehm ist als das Leeressen eines Kühlschranks.) Doch sobald ich anfing, mich mit Mädchen zu treffen, begann ich auch, mein Geld mit Rasenmähen zu verdienen. Für Jungen ist das Rasenmähen eine Metapher dafür, dass sie bald lernen, Jobs anzunehmen, die ihnen weniger zusagen, die aber besser bezahlt werden. Etwa im ersten Jahr der High School fangen Jungen an, ihr Interesse für Fremdsprachen, Literatur, Kunstgeschichte, Soziologie und Anthropologie zu unterdrücken, weil sie wissen, dass

Kunstgeschichte weniger lukrativ ist als Ingenieurswissenschaften. Es ist teils eine Folge der zu erwartenden Ausgaben (die Wahrscheinlichkeit, dass er eine Frau unterhalten muss und nicht davon ausgehen kann, von einer Frau unterhalten zu werden), dass 85 Prozent der Studierenden im Fach Ingenieurswesen Männer sind; über 80 Prozent der Studierenden im Fach Kunstgeschichte sind Frauen.»

Hamsterrad-Männer, erwachsen und den Hoffnungen gemäß sozialisiert, bringen nicht nur Geld, sie sparen auch welches. Das übrigens machen sie – Ausnahmen bestätigen die Regel –, ob sie nun gut oder schlecht verdienen. Sie sparen, weil ihre Fähigkeiten einfach gut nutzbar sind. Nicht nur, dass sie Rasenmähen können. Nein. Sie können auch gut Fahrräder reparieren. Fürs Reifenflicken von diesen Fahrrädern sind sie geradezu geboren. Viele Brüder werden es erfahren haben: Da kommt die ältere Schwester eines Tages auf sie zu mit der überraschenden Feststellung, dass sie als Junge sicher viiiel besser ein Löchlein im Hinterreifen des Drahtesels reparieren könnten. Und die jungen Brüder, sie fühlen sich darob nicht nur hervorgehoben und ausgezeichnet. Sie reparieren den Reifen auch. Wie schön und angenehm, sich dankbare Idioten für dies und das bequem heranziehen zu können.

Aber Männer kann man kostensparend auch anderswo einsetzen. «Willi, dahinten wäre Platz für ein kleines Gewächshäuserl – du weißt, meine Kakteenzucht und das Vortreiben der Akapantus, bitte! Willi, sei so lieb, du kannst doch solche Sachen!» Und so weiter.

Oder hat man sich je Frauen über herausgebrochene Schrankscharniere den Kopf zerbrechen gesehen? Oder über den defekten Küchenventilator? Ich jedenfalls nicht. Und ich gebe zu: Ich habe über ein Jahrzehnt intensiv gefahndet nach der Kompetenz der modernen Frau zur Behebung alltäglicher funktionaler Defizite im häuslichen oder hausnahen Bereich, von der defekten Türklingel über die Wasserhahndichtung, von der im Rost eingetrockneten Fahrradkette über die Kamerabatterie, von der quietschenden Autotür bis zur langsam verrottenden Gartengerätehütte, von der sich ganz oben rechts schleichend ablösenden Tapete bis zum verkalkten Boiler, vom klemmenden Heizungsventil bis zur Backofenlampe, die «einfach nicht mehr geht». Die moderne Frau ist zur Not fatalistisch: Sie kommt ohne Türklingel aus, sie nimmt, soweit vorhanden, ein anderes Waschbecken, sie stellt die Schranktüre neben den Schrank, sie fotografiert halt eine Weile nicht, sie lässt die Autotür jahrelang nach Fett kreischen, sie umgeht das klemmende Heizungsventil, indem sie andere doppelt so hoch aufdreht, und leuchtet in den Backofen eben mit der Taschenlampe. Geht doch! Nur ja sich keine unnötigen Zusatzkompetenzen aneignen! Und wenn – ja, wenn dann ein Mann kommt, und sei es nur zu Besuch, dann ist er flugs zwangsverpflichtet. Der Augenaufschlag der hilflosen Opfer obsiegt gnadenlos. Es ist der Charme der gespielten Schwäche. Resultat: Wie stets mannhaft jedes Gefühl des Ausgebeutetwerdens unterdrückend, klettert der Hamster ins Rad.

Entweder um Geld zu sparen oder Geld zu bringen. Auch nach gut dreißig Jahren organisierter, neuer Frauenbewegung sind Frauenromane mit betont rustikal feministischem Appeal und der bemühten «Frauen-Power»-Zeichnung nicht in der Lage, ohne die Verwendung der Figur «Finanzversicherung Mann» auszukommen. Ein männlicher Heiratsantrag – im Grunde ein

Pleonasmus wie die tote Leiche –, macht auf Frauen weiterhin den Eindruck einer «Darling, lass mich die Kosten übernehmen»-Erklärung. Gegenteilige Aussagen sind mit Vorsicht zu genießen. Der Antrag selbst – was Männer, die 30 Jahre moderne Frauenbewegung beobachtet haben, nun wirklich überraschen muss –, steht weiter hoch im Kurs.

Hoch im Kurs steht er nicht nur bei den kleinen, verhuschten, verschreckten Frauen, die in ihrer Opfer-Sozialisation immer nur kurz, knapp und abhängig gehalten wurden, nein, hoch im Kurs steht er auch bei den so genannten Powerfrauen.

Ob sarkastisch, ob witzelnd oder kalauernd – der Humor der strapazierten «Power-Frau» eiert bedenklich opportun um das Goldeselchen Mann. Die im australischen Sydney geborene Erfolgsschriftstellerin Kathy Lette legt ihren Heldinnen ganz offen und unverkrampft Sätze wie diesen auf die Zunge: «Was eine Frau braucht, ist ein reicher Knacker zum Heiraten. So eine Art Handtasche auf zwei Beinen, die du bei Partys an der Tür stehen lassen und wieder abholen kannst, wenn du das Taxi für den Rückweg bezahlen willst.» Auf die Frage, warum Frauen so selten Witze erzählen, gibt eine Protagonistin die Auskunft: «Weil wir sie heiraten!» [102]. Vorteilhaft: Diese «Witze» sind lenkbar, gut zu berechnen, leicht auszutricksen, und das Geld, das sie haben, stellen sie, da bescheuert, auch noch zur Verfügung. Wer möchte da noch entschieden bestreiten, dass bei modernen Frauen weiterhin Liebe durch den Kontostand ihres Herzallerliebsten ganz wesentlich beflügelt wird?

Sind in einer vorteilhaft arrangierten, zeitgenössischen Partnerschaft beide berufstätig, reagieren die Frauen nach wie vor ungnädig, wenn ihre Männer allzu kokette Ideen äußern. Etwa die, ob nicht die Frau alleine, zumindest für eine gewisse Zeit, für die junge, dreiköpfige Familie sorgen wolle. Auch wenn ihr Bewusstsein, ihr Ausbildungsstand und ihre tatsächliche berufliche Stellung weit entwickelt sind und ausbaufähig, ist die Kollektion der Antworten auf solche – zum Glück für die Frauen noch äußerst seltenen – Anfälle «männlicher» Vernunft an drei Fingern abzuzählen. Zählen wir durch. Erste mögliche Antwort: «Du verdienst doch 340 Mark mehr brutto wie ich. Warum soll ich das machen?» Zweite mögliche Antwort: «Ich hab einen anstrengenden 23-Stunden-Job. Ich weiß nicht, was dein Vorschlag soll. Ich will nicht *mehr* arbeiten. Der Laden stinkt mir schon genug!» Dritte mögliche Antwort: «*Du* willst die Wohnung und das Kind versorgen? Dass ich nicht lache!»

Viele frauenbewegte Frauen haben sich in einer Äquidistanz zu Beruf, Haushalt und Familie gleichzeitig durchaus behaglich – und dennoch von allen Seiten bemitleidet – eingerichtet. Sie haben die Wahlmöglichkeit und sie wählen aus. Die Wahl findet sehr häufig statt auf der Basis eines «männlichen» Grundeinkommens, das ebendiese kommode Schwebe, das dieses Sowohl-als-auch erst ermöglicht. Umgekehrt bedeutet es: Männern ist ein Rückzug vom Anschaffengehen, ein Aussteigerdasein, das sich definiert als Verzicht auf ihre ökonomisch-finanzielle Versorgerposition, nur theoretisch als Lebensmöglichkeit gewährt – keinesfalls in praxi.

Folglich bleibt es unterhalb der drohend tief hängenden Wolkengebirge feministischer Forderungen zur Arbeitswelt – ergo: auf dem Boden der Wertschöpfung – in der Tendenz exakt so, wie es war. Betrachten wir die Beiträge zur Summe des Bruttosozialproduktes, das ein Gemeinwesen erwirtschaftet, haben Männer ganz klar die Nase vorn. Beim Geldausgeben, Freudenakt der Konsumtion, sind dagegen die Frauen vorneweg. Rund achtzig Prozent der Konsumentscheidungen in Deutschland werden von Frauen getroffen, ausgeführt oder wesentlich vorstrukturiert. Um dem feministischen Aufschrei, dies sei ja wohl ausschließlich Folge der einseitig der Frau aufgelasteten, tagtäglichen Reproduktion – also der Besorgung von Joghurt über die Salami bis zum Toilettenpapier –, vorzubeugen: Diese Dominanz weiblicher Konsumvorentscheidungen und -entscheidungen zieht sich über alle Angebotsbereiche einer Industriegesellschaft hinweg. Sie trifft zu auf den Kauf von Möbeln, auf den Erwerb von Vorhängen, Teppichen, Gegenständen der Dekoration, Blumenschmuck, den Kleidungskauf für die Familie, die Bereiche Putzmittel und Haushaltswaren, die Spielwaren oder auch die Buchung der Urlaubsreise. Und, gemach, dieser Zustand ist als solcher nicht verwunderlich: Wo mehr Zeit zur Konsumtion vorhanden ist und mehr Verantwortlichkeit für die Planung und Durchführung aller Tätigkeiten des inneren Hauses, da werden auch erheblich mehr Konsumentscheidungen gefällt. Eine Untersuchung über große Einkaufspassagen, so genannte «Malls», in den Vereinigten Staaten, ergab unmissverständlich, dass darüber hinaus den ganz persönlichen Bedürfnissen der weiblichen Kundschaft rund siebenmal so viel Verkaufsfläche gewidmet wird wie denen der Männer. In die Untersuchungen eingeschlossen waren übigens auch Bekleidungsgeschäfte für Männer und Sportartikelgeschäfte[103]. Picken wir die Bereiche Kosmetik, Kleidung und Schuhwerk heraus, kann diese Vergleichsrechnung mit ähnlichem Ergebnis in jedem deutschen Kaufhaus ebenso angestellt werden.

Dass Geldverdienen und Geldausgeben zwei Paar Geschlechterschuhe sind, beweist jede übliche Ad-hoc-Kundenumfrage bei der Schnäppchenjagd à la Schlussverkauf oder bei Geschäftseröffnungen. Das Verhältnis Mann zu Frau liegt dabei regelmäßig zwischen 1:6 und 1:10 [104]. Tauchen wir beispielhaft ein: Eva Z. aus Mainz, Studentin, 22 Jahre alt, sagt beispielsweise anlässlich einer Geschäftseröffnung: «... ist unser Traumgeschäft. Die Designer, die ... Mode entwerfen, kopieren einfach perfekt die Sachen, die wir tragen wollen und die wir uns sonst nicht leisten könnten. 800 Mark im Monat gebe ich sicherlich aus. Um Platz im Schrank zu kriegen, verkaufe ich die Sachen im Secondhandladen.» So weit Eva Z., Studentin (?). 800 Mark im Monat gibt sie aus, diese «Studentin», weil sie, auf gut feministisch, einen fiesen Ausbeutervater zu Hause hat, der auf dem Rücken der unterbezahlt schaffenden Frauen und Migrantinnen seinen Reibach macht und meint, dass er sich mit seinem vielen Geld alles kaufen kann, Häuser, Autos, Frauen, die ganze Macht in diesem unwürdigen Patriarchat! Bäh!

Frauen entwickeln weltweit mit ihrer meist verdeckten, kaschierten, von ihnen selbst nie als relevant gesehenen Konsumentscheidungskompetenz ganz erheblich Einfluss auf Hersteller und Sortimente. Mit ihren Griffen in bestimmte Regale bestimmen sie indirekt auch über die von Werbeeinnahmen abhängigen, privaten Hörfunk- und Fernsehprogramme mit. Das ist nahe liegend, ja: unstrittig. Der Griff nach Produkt A oder B entscheidet nun mal – und zugreifen tun mehrheitlich Frauen. Da Frauen zu allen Tageszeiten auch mehr fernsehen als Männer, schließt sich hier der Kreis: Werbeprogramme und -einblendungen zielen auf die Verwalterinnen des Haushaltsbudgets und ihre Kinder, nicht auf die nicht vorhandenen

Männer. Die Verwalter des Haushaltsbudgets richten ihre Konsumtion tendenziell nach diesen Programmen aus und sorgen somit für den nächsten Werbesendungsblock, den sie in ihrer Mehrheit auch wieder ansehen, und so fort. Die Entscheidung also, wofür Geld ausgegeben wird, während Heinz, Pablo, Timothy oder Jiři bei der Arbeit sind, determiniert weitere Einflüsse. Offen gesagt, handelt es sich hierbei um Macht. Aber eine verdeckte.

Männer sind als Konto, von dem man abbuchen kann, auch dann von Nutzen, wenn frau gar nicht mehr mit ihm zusammenlebt. Besonders in Deutschland. Das Finanzpolster Mann taugt hier auch für die trüben Tage nach Ablauf einer Beziehung, nach der Ehescheidung aber ganz besonders. Deutsche Gerichte haben 1996 rund 175 000 Ehen geschieden. Zwei Drittel der Scheidungen gingen von den Frauen aus. Die Frauenbewegung folgert flugs: Die benachteiligten, unterdrückten, geschlagenen Frauen würden halt mehrheitlich eine schlechte Ehe nicht mehr dulden, sondern diese aufkündigen und gehen. In die Freiheit, sozusagen. Neutrale Beobachter sehen das differenzierter. Da Frauen hochprozentig davon ausgehen können, dass nach der Trennung nicht sie, sondern der Exehemann für Unterhalt aufkommen muss, fällt die Entscheidung für die Freiheit doch bedeutend leichter. Umgekehrte Fallkonstruktionen sind pure Rarität. Wenn zwei Drittel der Exehemänner Unterhalt bezögen von ihren Geschiedenen, wären die Zahlen vielleicht geradewegs umgekehrt. So aber wird aus der scheinbar schwächeren Position der Gattin – Männer sind entweder die einzigen Verdiener oder verdienen mehr als die Ehefrau – in der Umkehrung ein verlässlich kalkulierbarer Gewinn. Sind gemeinsame Kinder im Spiel, stellt sich die vermeintlich schwächere Position oft endgültig als Methode dar, den knurrend beschworenen Mutterinstinkt mit der Skrupellosigkeit schierer Beutegier zu paaren.

Grundlagen für das Entsorgen der Väter und das finanzielle Melken der Männer sind in Deutschland nicht die veränderten Mentalitäten, sondern ganz entscheidend die Scheidungs-, Unterhalts- und Sorgerechtsgesetzgebung seit 1977. Die Reform des Scheidungsrechtes wurde seinerzeit als «Jahrhundertreform» gefeiert. Mit Bezug auf sie kann eine Ehefrau ohne Angabe konkreter Gründe ihre eheliche Gemeinschaft aufkündigen und bekommt dennoch die Hälfte des in der Ehe erwirtschafteten Zugewinns, außerdem – in der Ehe konservativen Zuschnitts, in der die Frau keiner bezahlten Beschäftigung nachging – als Unterhalt drei Siebtel vom Nettoeinkommen ihres Exgatten. Schauen wir auf den Alleinverdiener mit einem Bruttoverdienst von 5000 Mark im Monat. Die beiden gemeinsamen Kinder werden seiner Exfrau zugesprochen. Das ist in neunzig Prozent der Fälle so. Nach Abzug der Steuern und Unterhaltszahlungen für die Exfrau und die gemeinsamen Kinder bleiben ihm noch 1500 Mark zur freien Verfügung. Dieser Zustand ist aber nicht einer über ein paar Monate. Dieser Zustand kann sich über Jahre, ja Jahrzehnte hinschleppen, sofern die Unterhaltsberechtigte keine gravierenden «Fehler» begeht – etwa: wieder zu heiraten. Die Wiederheirat aber ist nicht nötig, denn dem großen tradierten weiblichen Motiv zur Eheschließung, dem Wunsch nach Versorgung, ist ja zeitgemäß, also auch ohne Ehe, entsprochen. Was will frau mehr: Das Scheidungs- und Unterhaltsrecht bietet Sicherheit durch einen Familienernährer, ohne dass der Ernährer dabei wäre oder, wie in vielen Streitfällen, überhaupt dabei sein darf.

Der Sorgerechtskampf ums Kind ist zum Kampf um die Knete geworden. Kinder sind «zum Spekulationsobjekt geworden … mit sicherer Rendite» für die Frau [105]. «Strukturelle Gewalt» in einem Gemeinwesen? In Sachen Ehescheidungs-, Unterhalts- und Sorgerecht legt inzwischen *der* Gesetzgeber sämtliche Hebel dieser strukturellen Gewalt in weibliche Hand. Die Gesetzeslage deckt alle rechtmäßigen Forderungen, aber eben auch sämtliche geschickt organisierten Rachefeldzüge des «Opfers» Frau mit einem Wald von Paragraphen. Geradezu leger benutzen dabei die Kriegsgewinnlerinnen von der Scheidungsfront die ideologischen Feindmuster vom «patriarchalen System» auch dort, wo sie selbst von ebendiesem System klar bevorteilt werden. Schnell zur Hand und schnell zur Zunge ist eine über zwanzig Jahre einstudierte, feministisch etablierte Notwehrrhetorik. Die gewählte Sprache ist gleichzeitig hervorragend gerichts- und öffentlichkeitswirksam, soll heißen: Inmitten des Verwirrspiels im Opferparadigma hat die Täterin leichtes Spiel, juristische Gefechte für sich zu entscheiden. Gerichtsgutachter kommen nicht umhin [105] durchzuzählen: In jeder dritten Streitakte spielt der Vorwurf des sexuellen Missbrauchs gemeinsamer Kinder durch den Mann eine Rolle. Dazu notiert der «Spiegel»: «In 95 Prozent der Fälle in Sorgerechtsprozessen sind Anschuldigungen dieser Art frei erfunden» [106]. Sexuelle Gewalt wird so zum Routinevorwurf mit recht durchsichtigem Nutzen. Immerhin sorgt er dafür, dass Richter wie Richterinnen dem als Gewalttäter verdächtigen Mann die Kinder nicht mehr anvertrauen. Motto auch hier: Von Vorwürfen, Verdächtigungen und Andeutungen bleibt immer etwas hängen.

Ähnlich funktioniert auch die Beschuldigung ehelicher Vergewaltigung im Rahmen von Sorgerechtsprozessen. Dabei muss immer betont werden, wie grundsätzlich richtig und nötig es war, die Vergewaltigung in der Ehe als Straftatbestand zu fixieren. Aber ebenso führt kein Weg vorbei an der allzu leichten Instrumentalisierbarkeit des Vorwurfs der ehelichen Vergewaltigung zum Beispiel in schwierigen Sorgerechtsprozessen – nicht zuletzt inmitten eines gesellschaftlichen Klimas, das die einstige pauschale Entschuldigung des Täters («Kavaliersdelikt», «Ehevollzug») längst durch eine pauschale Opfergläubigkeit ersetzt hat. Der Vorwurf wirkt durchschlagend: Da Beweise oder Zeugen für eine Vergewaltigung in der Ehe nicht herbeizuzaubern sind, wirkt die Anschuldigung gleichzeitig als Beweis.

Bei diesem Vorgehen ist die Motiv-Melange der betroffenen Frauen selbst sowie ihrer Anwältinnen in der Öffentlichkeit von beeindruckender Buntheit. Gegriffen wird sowohl tief in die Kiste der Rollenklischees als auch in die mit den aktuellen Feminismen – immer, sofern nützlich. Die «besseren Menschen» mischen, weil es die Gesetzeslage hergibt, inzwischen auf drastische Weise Mutterkult-Assoziationen, private Macht- und Rachegelüste und die Instrumentalisierung von Kindern zur Sicherung einer Existenzgrundlage, die deren unsichtbar gemachter Vater herstellt. Die aussortierten Väter nehmen ständig zu. Jede vierte Familie lebt in Deutschland ohne Vater. Die Verluste sind dabei absolut ungleich verteilt. Männer verlieren bei einer Scheidung von Frau und Kindern sowohl psychisch-emotional als auch materiell-finanziell. Konsequent aber, wie die «patriarchale» Gesellschaft funktioniert, steht während und nach einer Scheidung auch hier permanent das weibliche Elend im Vordergrund. Das Schicksal der allein erziehenden geschiedenen Frau dominiert die Mitleidsberichterstattung. Dabei spricht dieser Frau wahrlich niemand die Flut der Probleme ab. Aber die Ausschließlichkeit öffentlicher Fokussierung auf sie verschafft ihrer Situation ständig ideelle Streicheleinheiten, das komplette Beiseiteschieben der Verlustsituation des Mannes straft diesen dagegen zum dritten Mal. Verluste bei Vätern? Vor Gericht gescheiterte Väter sind kein Thema, nur das Quantum «böser Männer» interessiert – und was die sich wieder für Schweinereien leisten vor aller Augen. Das alte Liedchen, neu gepfiffen: Goldeselchen Mann wird dann zum Thema, wenn es beim Zahlen «kalte Füße» bekommt [107] und kneift.

Und *wie* sie kneifen – so gemein! Sie verschweigen die Höhe ihrer Einkünfte, sie versuchen, sie zu vertuschen oder sie werden absichtlich arbeitslos, um vor ihren Verpflichtungen zu fliehen; sie führen ihre Firmen zielkonsequent in den Bankrott, um Unterhalt zu sparen; sie setzen sich kommentarlos ab ins Ausland. Diese und viele ähnliche Konstruktionen schwirren durch den Blätterwald in Sachen säumiger Unterhaltszahler. Dass Männer oft so viel Unterhalt abzweigen, dass sie sich zur Finanzierung ihres eigenen Lebens Hilfe suchend ans Sozialamt wenden – kein seltener Fall –, ist keine Notiz wert. Dabei wäre dies sogar eine ganz besondere Notiz wert im Kontext «patriarchaler» Sozialstaatsphilosophie: Wenn der Exmann nämlich nicht mehr zahlen kann, zahlt für Wohnung, Frau und Kinder eben der *Ersatzmann* Staat, jenes männlich-herrschaftsdominierte Stück Dreck.

Bei den 40 bis 50 Jahre alten Männern, die geschieden sind und getrennt leben, schnellt die Freitodrate «um das Sechsfache nach oben» [108]. Es bewegt niemanden ernstlich. Ernstlich bewegen tut allerdings das Schicksal von – beispielsweise – «Hillu» Schröder. Die Exgattin des damaligen niedersächsischen

Ministerpräsidenten und jetzigen Bundeskanzlers Gerhard Schröder wurde 1997 von diesem geschieden. Während des Scheidungsverfahrens gab sie «Lobby», einer Obdachlosenzeitung, ein Interview über den angeblich katastrophalen Ist-Zustand ihrer Existenz. Wie viele andere Frauen sei auch sie «fast völlig rechtlos» und finanziell ruiniert: «Zum Sterben ist es gerade noch zuviel.» [109] Gerhard Schröder damals dazu: «Wenn Hillu sich mit ihren Forderungen vollständig durchsetzen würde, wäre ich der erste Ministerpräsident, der Anspruch hätte auf Sozialhilfe.» Hiltrud Schröder vermochte nur auf der Basis einer ideologisch geblendeten Öffentlichkeit zu agieren. Jede Fernseh-Talkshow nutzte sie für eheexhibitionistische Schlammschlachten. Sie bekam diese öffentlichkeitsträchtigen Termine auch angeboten – Fernsehen, Hörfunk und Printmedien balzten um das Opfer «Hillu», vor allem aber balzten sie dabei um ihre weiblichen Zuschauer und Zuhörer. Für aufmerksame Beobachter war es ein Vorgehen nach Lehrbuch: Stets wusste sich «Hillu» als Opfer und ihre Taten als Notwehr zu vermarkten. Wenn es eines zusätzlichen Beweises für die nicht nur ruhig gestellte, sondern demoralisierte männliche Interessenvertretung im Geschlechterdisput bedurfte, dann lieferte ihn der stilistisch wie inhaltlich unsägliche Medienrummel um die «betrogene Hillu».

Die nächsten Frauengenerationen lernen bereits schnell. Rosi, 10, die mit Mutter und Großmutter, also zu ihrem großen Glück männerfrei lebt, formuliert es so: «Wenn ich groß bin, heirate ich einen reichen Mann. Er muss mich sehr lieben. Er muss alles machen, was ich will. Und er darf keine andere angucken. Wenn er das tut, lasse ich mich scheiden. Dann kriege ich die Hälfte von allem. Und er kriegt den Ärger.» [101]

KAPITEL 7

Das unbekannte Wesen II.

Hat ein X und ein Y. Stinkt von der Giftspritze weg. Hat nie Zeit. Produziert zu viel Testosteron. Missbraucht. Stirbt früh.

Früher Februar. Neblig-diffuses Wetter. Ich mache einen Waldspaziergang mit meiner Tochter und deren Freundin. Beide acht Jahre alt, schlank, hübsch und blond. Die Kinder plappern miteinander. Ich grabe in meinen Manteltaschen nach Traubenzucker. Verteile meine Fundstücke nach rechts und links in Kinderhände. Ältere und jüngere Paare kommen mir entgegen. Es ist Donnerstag, später Nachmittag, es dunkelt merklich. Und ich spüre sie auf mir, die Blicke der Entgegenkommenden. Sie alle streben Richtung Parkplatz, ich strebe mit den Kindern in den Wald. Ich sehe hinter den zum Teil neugierig, zum Teil skeptisch, zum Teil fast ängstlich ausdruckslosen Augen die eine bittere, große Vorstellung lauern: Da führt er sie hin, der Mann mit dem langen schwarzen Mantel, da führt er die armen Kinder in den Wald, wochentags, einfach so, und dann vergeht er sich an ihnen und die armen Dinger liegen später missbraucht und stranguliert auf dem feuchten Waldboden, die toten Körper nur nachlässig mit nassem Laub bedeckt. Und *wir*, höre ich schon das Verzweifelte in ihrer Stimme, *wir* haben ihn doch noch gesehen, *wir* haben die Mädchen noch lebend gesehen!

Der an sich legere kurze Ausflugsweg in den Wald endet für

meine Psyche in einem Spießrutenlauf: Noch aus den Augen-
winkeln der Menschen lauert Unbehagen und detektivische
Ahnung. Ist das so einer? Zweimal, als ich mich umdrehe, sehe
ich, dass sie sich hinter meinem Rücken auch umgedreht haben, mir kontrollierend nachzusehen.

Schnitt. Es ist Montagvormittag, gegen 10 Uhr 30. Ich bin auf
der Durchreise, begebe mich in den Supermarkt einer kleinen
Stadt. Es sind nur Frauen im Geschäft, die meisten zwischen
dreißig und fünfzig, dazwischen fährt der schrille Einkaufswa-
gen-Fahrstil einer ganz jungen Mutter mit aufgelöstem Haar
und kreischendem Säugling. Ansonsten geht es keinesfalls hektisch, nein, es geht eher gemütlich zu, vertraut, entspannt. Hinter der Käse- wie der Wursttheke ist es wie davor: Schwätzchen,
vereinzelte Lacher, Geschichten vom Wochenende. Von der
Eingangstür bis vor die Kasse bin ich der einzige Mann im Laden. Die Frauen bemerken mich, sehen mich an, halten kurz
im Gespräch inne. Ich nehme das feinnervig wahr. Es überrascht mich in seiner Intensität, ist mir aber zunächst nicht unangenehm. Vielleicht halten sie kurz inne, weil ich ein Fremder
bin und sonst nie zum Einkaufen hier hereingeschneit komme.
Ich versuche, mich auf meinen kleinen Einkauf zu konzentrie-
ren. Kommentarlos genaue Blicke auf mir irritieren mich zunehmend, lenken mich ab. Ich fühle mich augenblicklich weniger als Kunde denn als Eindringling. An der Kasse wird das
Gefühl stärker. Drei oder vier Frauen stehen mit halb gefüllten
Einkaufswagen an. Rund um die Kasse sind neben Zigaretten
hauptsächlich Zeitschriften und Bücher aufgebaut. Durch
diese Gasse der Information muss jeder Kunde. Letzte Möglichkeit, nach einem Titel zu grabschen. Hinter mir stellen sich
zwei weitere Frauen in die Reihe. «Ich war erst zwölf», kann ich

den ersten Taschenbuchtitel erkennen und lesen. Es geht um Missbrauch durch den eigenen Vater. Ich denke reflexgleich an meine Tochter. Auf dem Titel ist ein halb nacktes Mädchen hinter Gitterstäben abgebildet. Eingesperrt im Keller des elterlichen Einfamilienhauses. Ich sehe es vor mir. Die Kassenschlange rückt vor. Die Schlagzeilen der Boulevard-Blätter kommen in Reichweite, mitleidslos. «Sexualmord in Niederbayern», «Jahrelang vom Onkel brutal missbraucht», «Mädchenmörder gefasst», «An Gefühlsrohheit nicht mehr zu übertreffen». «Eine Jugend, die keine war», entziffere ich auf einem anderen Taschenbuchtitel, Untertitel: «Eine Reise ins Licht nach zehn Jahren sexueller Ausbeutung». An der Kasse muss ich fast kotzen.

Zwei Beispiele aus dem Alltag, zwei Beispiele aus der nonverbal verfestigten Dämonisierung des Mannes an sich. Auch dies ist – jenseits kriminologischen Zahlenmaterials – ein konsequent verfolgtes und erreichtes Resultat von zumindest zwei Jahrzehnten pauschaler Kriminalisierung und Verächtlichmachung des Mannes. Mein Wald- und mein Supermarkterlebnis sollen nicht die Fakten jener grausamen Kindesmissbrauchsfälle relativieren, die Mitte bis Ende der neunziger Jahre bekannt wurden und in ganz Europa Anlass gaben zu breiten Debatten über sexuelle Gewalt, nicht zuletzt in Belgien. Nein, diese zwei kleinen Einblicke in den Gefühlshaushalt eines Mannes in Mitteleuropa richten den Blick weg von Täter und Opfer auf den Rest der Gesellschaft, der sich – so das hergestellte Bild – ebenfalls ganz sauber teilt: nämlich erneut in Täter (Männer) und Opfer (Frauen und Kinder, eigentlich aber nur: Mädchen). Das Reden und Denken über Männer ist längst abstrahiert von nachweisbaren Taten und Tätern. Es ist inzwischen ein Reden und

Denken über unberechenbare Schädlinge. Das verbreitete Männerbild skizziert naturhafte Triebtäter, Gefangene, Marionetten an den Fäden des Testosteron, räuberische Säugetiere, Beruf: Killer. Frauen menstruieren, Männer töten. So ist eben das genetische Schicksal.

«Bis heute», sagte Benoîte Groult [111], «gibt es keine schönen Bezeichnungen für die weiblichen Geschlechtsorgane» (das stimmt absolut nicht, aber, pssssssst, wir tun der Argumentation wegen mal so, als ob auch an dieser Stelle die Frau wieder das Opfer wäre …). Das ist schlimm, nicht zuletzt, weil auch hierfür – wir wissen es längst – alleine Männer die Schuld tragen. Allerdings lässt sich dieser schlimme Zustand besser aushalten, seitdem die Frau offen, freundschaftlich und unverkrampft schöne Worte für die Geschlechtsteile des Mannes findet. Auch ein Erfolg der Frauenbewegung. So ist allenthalben Wohlklang zu vernehmen. Es ist mal salopp vom «Ding» die Rede, mal beeindruckend wissenschaftlich vom «Organ der Sexualrepression», mal vollendet rund von der «Giftspritze».

Bleiben wir mal bei dieser Spritze – das Wort ist so schön und, mal ehrlich, es sagt so viel aus. Denn mit ihr, der Giftspritze, mit dieser Bewaffnung ist der Mann ja allerorten unterwegs. Männerkunde? Nicht nötig, denn Frauen wissen in Sachen Giftspritze alles. Etwa wie oft ihr Besitzer damit wohin geht. Zum Beispiel, wenn er sich von Frau und Kindern trennt oder trennen muss. Dann wird die erigierte Giftspritze kultiviert zur Waffe, sie wird genutzt nachgerade als Monstrum der Verletzung. Die aktiven Frauen des Vereins «Wildwasser» («Arbeitsgemeinschaft gegen sexuellen Missbrauch an Mädchen und Frauen») wissen es am genauesten: «Wir erleben, dass Männer erst nach der Trennung von ihren Frauen anfangen, ihre Kinder zu missbrauchen. Zielgerichtet, um die Mutter zu verletzen.» [112] Auf der Zunge zergehen lassen: So schlecht sind die Männer! Erst sind sie so schlecht, dass Ehe oder Beziehung scheitert. Weshalb sollte sie auch sonst scheitern – außer an ihnen? Und dann werden sie noch schlechter, was offensichtlich machbar ist, denn dann werden sie maßlos schlecht: Sie missbrauchen ihre Kinder, um die Mutter zu treffen! Die Giftspritze, Quintessenz, ist *der Mann an sich*. Und der muss sich inzwischen in gröbster Pauschalisierung jeden Vorwurf anhören, der überhaupt noch denk- und aussprechbar ist.

Wo geht der Giftspritzenträger sonst noch mit ihr hin? Zum Beispiel ins Bordell, ins Eros-Center. Pro Tag, dies ist fundiert hoch gerechnete Statistik, gibt es in Deutschland rund 300 000 sexuelle Kontakte gegen Bezahlung. Neben dem einfältigen Penetrieren, dem klassischen Koitus, ist vor allem Fellatio gefragt. Statistisch erfasst und quantifiziert ist längst auch die Lieblingskoitalzeit des durchschnittlichen sexkaufenden Mannes. Nachmittags (35,9 Prozent) und abends (34,2 Prozent) geschieht es am häufigsten. In der Mittagspause – das kann man an jedem beliebigen Betrieb, in dem vorrangig Männer arbeiten, mit Leichtigkeit sehen: Ganze Belegschaften ziehen mehr oder weniger geschlossen für die kurze Mittagsnummer ins Rotlicht-Quartier – ist der Quickie beliebt (4,4 Prozent).

Diese Frequenz braucht Anbieterinnen. Die Zahl der Prostituierten in Deutschland schätzt die in Frankfurt ansässige Organisation HWG («Huren wehren sich gemeinsam») auf rund 400 000. Damit wäre diese Berufsgruppe in Deutschland hinter den von beiden Geschlechtern besetzten Verkaufs- und Sozialberufen vielleicht gar die drittgrößte Einzelgruppe von Beschäftigten. Hochrechnung: 300 000 bezahlte Sexualkontakte pro Tag in Deutschland bedeuten, dass 62 Prozent der deutschen Männer zu Dirnen gehen. Das stimmt! Prüfen Sie es doch mal ganz konkret nach in Ihrem Bekannten- und Verwandtenkreis! Vater, Bruder, Kollege – wenn Sie drei männliche Verwandte oder Bekannte haben – und so viel hat sogar eine frauenbewegte Frau –, gehen zwei von ihnen zur koitalen Abreaktion regelmäßig in die Lustfabrik. Prüfen Sie nach!

Schwer ist es nicht, diese Abreaktion einzufädeln: Auf 310 Einwohner kommt in Frankfurt am Main eine Prostituierte. In Hamburg gibt es rund 8000 Dirnen – im Verhältnis kommt da eine auf 200 Einwohner. Dresden birgt 5200 Huren in der Stadt, macht – Spitzenverhältnis in Deutschland – eine pro hundert Dresdner[113]. So wird deutlich, wohin Männer ihr «Ding» tragen und wohin sie es stecken. Was Wunder, das lustbetont lebende und deshalb auch so formulierende Wissenschaftlerinnen wie Luise Pusch den Zustand männer- und aidsfreier Sexualität (die ohnehin synonym zu sehen ist) hymnisch zu feiern wissen. Etwa so: «Wieso kann das Ding nicht einfach da bleiben, wo es ist, statt in anderen Körpern tödliche Schäden anzurichten … Der Fortbestand der Menschheit ist gesichert, auch wenn das Ding nie mehr in einen anderen Körper gesteckt wird. Er ist, in Umkehrung alles bisher Dagewesenen, gefährdet, wenn es da weiter hineingesteckt wird.»[114]

Preise, Praktiken, Profite – das Sex-Geschäft weltweit kommt daher als ein Problem der Männer und als Geschäft der Männer. Vor den Augen der Frauenbewegung zieht es gedemütigt auf und ab: das Heer der gut 400 000 in Deutschland zur Prostitution gezwungenen Mädchen und Frauen, die mit Macht, Geld und direkter körperlicher Gewalt zu einer Existenz als Sklavin verdammt werden. Sexualmarkt und Prostitution werden zum Archetypus patriarchaler Unterdrückungsmacht verdichtet. In den Augen der Frauenbewegung handeln in diesem Bereich ausschließlich Männer. Sie halten das «Angebot» vor und kassieren. Vor- und Nachbereitung sind extrem männlich, das Dazwischen erledigen für die Frauenbewegung ichlose Nummern. Ichlose Nummern bestehen aus stummen Leidensfiguren ohne eigenen Antrieb, ohne Bewusstsein, ohne Chancen, ohne Eigengewinnstreben. Für die Frauenbewegung sind Huren, Dirnen, Prostituierte, Sexualdienstleisterinnen samt und sonders Opfer, und zwar in Reinkultur – psychisch wie physisch verkauft. In den vielen Geschäftsbereichen der käuflichen Sexualität scheint die Trennung von Täter und Opfer in makellos reiner Form möglich. In feministischen Schilderungen zur käuflichen Sexualität oder zur Pornographie erfahren deshalb Initiative und Antrieb von weiblicher Seite so gut wie keine Berücksichtigung. Es kann, ja es *darf* keinen aktiven weiblichen Anteil am Geschäft mit der Sexualität geben, allerhöchstens den passiven, leidenden, den Opferanteil.

Diese ignorante Haltung nimmt die Frauenbewegung sowohl gegenüber der aktiven Frau ein, also der Sexualität jedweder Art anbietenden und vermarktenden Frau, als auch gegenüber der Frau, die Angebote aus diesem Markt konsumiert. Vor feministisch-ideologischem Hintergrund entblättert sich damit ein gespenstisch tradiertes Bild, diesmal allerdings nicht von *den* Männern, sondern vonseiten der Frauenbewegung gemalt: Es wird so getan, als verträten Frauen kein Agens im Geflecht eines gesellschaftlich verfestigten Prozesses – hier: der Vermarktung sexueller Angebote. Werden sie als vorhanden wahrgenommen, dann *müssen* sie jedenfalls willenlos, unterdrückt, ausgeliefert, passiv sein. Träfe diese Definition für die mit der Ware Sexualität befassten Frauen zu, wären sie als

Mensch allesamt hoffnungslos defizitär. Diese potentielle, diese denunziatorische Schlussfolgerung nimmt die Frauenbewegung gerne hin, wenn darüber nur bloß die Interpretationshegemonie zum herrschenden Geschlechterverhältnis aufrechterhalten werden kann.

Pornographie, überhaupt die Gesamtheit der Geschäfte mit Erotik und Sexualität, tritt beunruhigend häufig und komplementär zur Aufregung ewig verschreckter Konservativer jeweils als Teufelswerk ins Licht frauenbewegter Argumentation. Die Sphäre des Sexuellen bekommt ein satanisches Konnotat mit der schlichten kurzschließenden Formel: Sexualität = männlich definiert = männerdienlich = schlecht, also Sexualität = schlecht. Das übersieht die Fähigkeiten findiger Frauen, die mit bindungslosen, mental schwachen und ihrer Sexualität eher ausgelieferten Männern den Tausch Geld gegen sexuelle Illusion kundig vollziehen. Eine Nase für die Scheinkompensation gesellschaftlich erzeugter erotischer Defizite zu entwickeln und dies in geschäftlichen Erfolg, zumindest in überdurchschnittliche regelmäßige Einkünfte zu verwandeln ist eben auch – wie immer frau dazu stehen mag – klares weibliches Kalkül. Und dazu vollkommen kapitalismuskompatibel.

Junge Frauen entwickeln mitunter gar eine furchterregende Professionalität darin, die sexuelle Scheinbefriedigung des Mannes zu Geld zu machen – nicht zuletzt körperfrei medial, also telefonisch, visuell, virtuell. Von ausweglosem Getriebensein oder -werden verbietet es sich hierbei zu reden. Das Erkennen von Marktchancen ist eine Ausprägung von Unternehmerinnengeist auf sensiblem Felde. Fehlende Reputation, auf diesem Felde tätig zu sein, wird hier mit garantiert hohen Renditen versüßt.

Der Feminismus kennt nur Zwangsprostitution, die generell zu verabscheuen und gesetzlich zu unterbinden und zu verfolgen ist. Der Feminismus kennt aber keine Neigungsprostitution, somit also auch keinen sexuellen Geschäftssinn der Frau. Wie etwa den von Eve Valois, geboren im bretonischen Badeort La Baule. Heute heißt sie Lolo Ferrari. Früher war sie für ihre Mutter «ein Nichts, hässlich, keiner Beachtung wert». Heute ist die 165 Zentimeter große Blondine mit einer Oberweite von 130 Zentimetern das Showgirl mit den «größten» europäischen Brüsten. Und den – entsprechend – größten europäischen Einnahmen. Fernsehen, Discos, Magazine, alle reißen sich um die 30-Jährige, die hinter ihrem mehrfach operativ vergrößerten Busen fast verschwindet. Größer, höher, weiter: 22 Operationen in fünf Jahren machten aus dem gewöhnlichen Nacktmodell ein obszön sensationelles «Plastikweibchen»[115], wie der französische Feminismus zu Recht schimpft. Silikon in der Stirn, Silikon auf den Wangenknochen, Silikon in der Augenpartie, in den Lippen, mehrfach in der Brust. Eine Karriere, kunststoffen und künstlich wie vieles in der Plastikzivilisation des ausgehenden 20. Jahrhunderts. Es geht ums Geld. Aber ist das Phänomen Ferrari nur ein Produkt ihres geschäftstüchtigen Ehemannes? Oder ist Madame Ferrari nicht durchaus selbst in der Lage, zu erkennen, wo auf dem überfüllten Fleischmarkt der Akt- und Nacktmodelle mit besonderen Ausmaßen besondere Einnahmen verbunden sind?

Wie ist es mit dem Prinzen Jefri Bolkiah, der sich schöne Mädchen oder welche, die er so sieht, in sein Sultanat einlädt? Der Sultan von Brunei, Hassanal Bolkiah, zahlt gut. 21 000 Dollar die Woche für junge Frauen, die appetitlich und knackig ausschauen sollen, um die Abendgesellschaften des Prinzen op-

tisch aufzuwerten und mit zumindest latenter Erotik zu versehen. Das Risiko, eventuell zu mehr als nur Gesprächen «eingeladen» zu sein, nehmen die jungen Frauen aus Europa, Amerika, Asien oder Russland augenscheinlich in Kauf. Es geht ums
Geld. Der vermögende Sultan gehört zu den reichsten Männern
der Welt und leistet es sich spielend, bis zu sechzig junge und
von ihm selbst hoch bezahlte Frauen als optische Verschöne-
rung seines 1778-Zimmer-Palastes parat zu halten. Der Reich-
tum lockt. Die Moral – oder tiefer gehängt: das Gefühl der Un-
gewissheit ob der ethischen Normen in Brunei – stellt sich bei
den jungen Frauen im Alter zwischen 17 und 30 Jahren ohne
Probleme darauf ein. Wegen Bewerberinnen-Andrangs gibt es
Wartelisten von bis zu einem dreiviertel Jahr. Das auf qualifizierte weibliche Dekoration erpichte Sultanat wirbt mit seinen
dollarspendablen Drei-Monats-Deals für hübsche Frauen vor
allem in Kalifornien. Dort also wird Schlange gestanden. Aber
doch wohl nicht sklavisch, fremdbestimmt und passiv, sondern
klar opportun und Gewinn kalkulierend. Sowas darf man berechnend nennen, aber man kann auch sagen: klug eingefädelt.
Denn wer als Frau bereits ausschließlich mit einem gefälligen
Äußeren, mit dem Herzeigen von langem Bein, wohlgeform-
tem Nacken und gefülltem Wonderbra in drei Monaten mehr
zu verdienen vermag als ein durchschnittlicher italienischer Fa-
milienvater mit beschwerlicher Bandarbeit bei Fiat in Turin
über fünf Jahre hinweg – der wäre doch schön blöd, diese
Chance zu bestens besoldetem luxuriösem Nichtstun auszu-
schlagen. Oder?

Es geht ums Geld. Die Gewinne der jungen Frauen in Brunei
jedenfalls stimmen: «Zu den vertragsgemäßen Einkünften im
sechs- bis siebenstelligen Bereich – Cash in Singapur-Dollars –
gesellten sich für die weiblichen Gäste so erfreuliche Extras wie

Rolex-Uhren und kostbare Juwelen.»[116] Bei so genannten «Shoppingtrips» nach London oder Las Vegas verbraten die sechzig Damen im Tross mit vierzig Betreuern pro Kopf und Wochenende rund 70 000 Dollar Taschengeld. Das Risiko, dass ein Prinz mal tatsächlich Sex verlangt, ist da kein Hindernis mehr. Auch nicht die Regel, dass jede Frau nur einmal die Chance bekommt, ins Sultanat eingeladen zu sein. Eine der Frauen erinnert: «Meine Freundin Michelle machte den Trip dreimal. Sie änderte ihre Haarfarbe, den Namen im Pass, ließ sich sogar das Gesicht operieren. Ich kenne kein Mädchen», resümiert sie, «das nicht freiwillig dorthin zurückkehren würde.»

Perspektivfragen stellen sich: Verkaufen sich hier junge Frauen? Werden sie gekauft? Ist der Sultan-Deal – Geld gegen schönes Fleisch – ein Beispiel für weibliche Machtlosigkeit oder die Macht des Weiblichen? Wer hat die Macht in diesem Spiel voller Kalkül? Männer über Frauen, Frauen über Männer, Männer über das Geld oder Frauen über Männer samt deren Geld? Und wer ist letztlich der Gewinner, wer der Verlierer? Wer gibt wie viel, wer bekommt wie viel? Wer hat etwas in Händen, wer wird abgespeist? Wer ist der Idiot im Gefüge? Der Hausherr oder das umworbene Weib?

Nach wie vor beantwortet die große Internationale halbierender Faktenbewertung diese Fragen pauschal so: Die Frau zieht bei einem solchen «Geschäftsverhältnis» den Kürzeren, sie ist diejenige, über die Macht ausgeübt wird, sie ist die Schwächere der beiden, sie verkauft sich. Sie gibt, er bekommt. Diese Sicht der Dinge gehört zur Tunnel-Weltsicht des Feminismus. Nichtsdestotrotz präsentiert diese Sicht der Dinge nur 180 Grad des Sichtbaren. Das besteht aber aus 360 Grad.

Schauen wir also in die andere Richtung – Männerkunde eben. Als Idiot im Kontext der käuflichen Sexualität präsentiert sich eindeutig der Mann. Er speist sich selbst – das ist wahr – stets mit dem Zweitbesten ab, aber er *wird* auch damit abgespeist: eben nicht mit Sexualität in ihrer ganzheitlichen Befriedigungsdimension, sondern mit placebosexuellen Handlungen. Heruntergehechelte Orgasmen erwirken kein Glück, erwirken nicht Zufriedenheit, erwirken nicht Zivilität, Sozialität und damit Bindung. Und die Bindungslosigkeit des Mannes, eine Bindungslosigkeit falsch definierter (quantitativ statt qualitativ) und verhängnisvoll lobgedudelter (schick! geil! schräg! modern!) Promiskuität ist zentrale Ursache für den emotional verstümmelten und/oder aggressiven Mann.

Vielfältige sexuelle Kontakte sind hervorragend, sie wirken aber nur positiv zurück auf die handelnden Personen, wenn sie mit ausreichenden Anteilen Bindung und Vertrauen zu einer/m oder allen Partnern/Partnerinnen einhergehen. Ein Frauen- oder Männerspringen mag machtvoll daherkommen, auch lustvoll hie und da, macht aber nicht satt, sondern hält gefährlich hungrig. Und es baut Aggressionspotentiale auf, die auf Einsamkeit, Unzufriedenheit, Unerfülltheit und projiziertem Hass gründen. Männer sind als sexuelle Wandergesellen viel zu oft Suchende, die zwar viel finden, nur nicht das, was ihren Status gefährdeter Selbstwertstabilität und emotionaler Bindungslosigkeit positiv beeinflussen könnte. «Kalte», also rein funktionalistische Sexualität, wird unter Männern deshalb oft zum stilisierten Selbstbeweis umfunktioniert. Da stülpen kleine Opferwürstchen haudegenhafte Täterkostüme über. Aus der Not wird eine Tugend gemacht, aus der Not speist sich das große Prahlen: Wenn Zukurzgekommene dann beginnen, über ihre Schwanzlänge zu philosophieren, wird es mitleiderregend.

Nur hat die Gesellschaft eben kein Mitleid mehr übrig. Das Prahlen und Angeben hält jeweils kurzfristig das Selbstwertgefühl in der Balance, aber unter dem Firnis dieser Inszenierung steckt allemal der Notfall Mann, der sich abspeist und abgespeist wird.

Es gilt eben nicht «Geheiligt werde sein Same»[117], sondern geheiligt sei sein amputierter emotionaler Status, der ihn bedürftig hält. Geheiligt sei zudem sein Geld, das er so doof ausgibt, dass er sein Bedürfnis dabei nie stillt. Beides, seine eindeutig von außen und fast weltweit konform verstümmelte Gefühlswelt sowie die Tatsache, dass er nicht nur das meiste Geld verdient, sondern das Machtmittel Geld auch repräsentiert, ja verkörpert, machen den Mann zu jenem psychoemotionalen Notfall, mit dem so trefflich Geld zu verdienen ist.

Nehmen wir die japanischen Männer, enger gefasst: die japanischen Modellbauer unter den Männern. In ihrer kargen Freizeit basteln nicht wenige von ihnen keineswegs maßstäbliche Modelle von Burgen, Bahnhöfen, berühmten Flugzeugen oder Schlachtschiffen, sondern – scharfen Frauen. Die «Sexy Dolls» sind auf der wirtschaftsstarken Insel in Fernost in Hunderten von verschiedenen Bausätzen zu erwerben, zusammenzusetzen, zu bemalen, anzuziehen und optisch zu vernaschen. Die Traumfrau zum Basteln ist ein Selbstbetrug zum Basteln. Ein gutes Beispiel für endgültig surrogate Sexualität. Manche Bausätze kosten bis zu fünfhundert Mark, rare Sammlerstücke erlangen Kultstatus und erzielen Preise wie kaum ein Louis-XV.-Fauteille. Die scharfe Frau des japanischen Männertraumes ist aus Polyurethan. Die Brüste sind so griffig und perfekt wie keine in der Wirklichkeit, die Beine so lang und die Taille so schlank wie bei keiner Frau aus Fleisch und Blut. Das Dumme ist aber genau das: Brüste, Beine, Taille sind nicht echt und zudem nur im Maßstab 1:43 zu haben. Oder so ähnlich. Erneut übergibt sich hier der Mann der synthetischen Geschlechtlichkeit. Er geilt sich auf, aber er befriedigt sich nicht, er investiert Begehren, Gefühl, Leidenschaft, aber er bekommt nichts zurück – jedenfalls nicht das, was seine Sehnsucht tatsächlich zu lindern in der Lage wäre.

Diese Sehnsucht produzieren sowohl die ethisch-moralischen Korsetts der japanischen Gesellschaftstradition als auch die Output-Orientierung der japanischen Wirtschaftswelt. Arbeit und Disziplin sind die lebensbeherrschenden Bestandteile – auch – eines japanischen Männerlebens. Das Leben erschließt sich über den Begriff der Funktionstüchtigkeit. Ein Mann schafft schnell, viel, exakt, ist besser als andere, jederzeit zu Überstunde und Sonderschicht bereit, lebt und denkt auch in der Freizeit firmenorientiert. All dies – zusätzlich zu den emotionalen Defiziten einer «typisch» männlichen Sozialisation im globalen Durchschnitt – stellt jenen Frauenpuppenbastler her, der sich womöglich in der Konferenzpause im Männerklo – mit Krawatte und Anzug – einen runterholt, um das lästig Naturhafte in seinem Körper irgendwie abzusaften.

«Neues aus dem Land des Hechelns», überschreibt der «Stern» eine Reportage zum Plastikpuppenboom in Japan[118]. Das klingt lustig, aber irgendwie angestrengt lustig. Vor allem klingt es armselig. Frauen, die es in Deutschland lesen oder auch nur kurz überfliegen, werden – naserümpfend wie stets – Männerklischees bestätigt sehen und über jenen Teil der Spezies, der «so was braucht» mit gewohnt böser Zunge lästern. Frauen werden – ähnlich dem männlichen Verfasser des Reports – nur das Groteske sehen, das verquer Obszöne. Aber sie werden den tieferen Hintergrund für diese Groteske nicht sehen und nicht erwägen: Ein von sich selbst und der Liebe zu sich entfremdetes Geschlecht baut sich hilflos Nischen sublimierter Ersatzbefriedigung. Die Selbstdemaskierung gibt preis bis zur Lächerlichkeit. Handelt so das Geschlecht, das Macht hat über das Geld, über die Frau, über die Sexualität und das sich das Leben stets so einrichten kann, wie es ihm am besten passt? Nein, so handelt es nicht. So agiert ein eingesperrtes, entsinnlichtes, allein gelassenes, stets für schuldig erklärtes Geschlecht, in dem ein Glimmen sehnsuchtsgeleiteter Sinnlichkeit Ersatzwelten ausbrütet. Statt einem analytischen Gedanken diesbezüglich auf die Spur zu kommen, verfährt auch der «Stern»-Autor nur klassisch halbherzig. Die «Modellbauer sind zu 99 Prozent junge Männer, die keine besondere Begabung für zwischenmenschliche Beziehungen haben», zitiert er lapidar einen japanischen Kenner der Szene: «Weil sie keine Freundin finden, basteln sie sich ein Modell und stellen sich das ans Bett.»

Warum löst so viel preisgegebene Not, so viel riskierte Lächerlichkeit nicht Zuwendung aus, nicht Liebe? Weil es Männer sind, die hier basteln: Die können für sich selbst sorgen, die haben die Macht, das sind die Täter, denen geht's gut, denen muss man nicht helfen. Männer, die drall-erotische Frauen basteln, können nur – wie üblich – krank vor Virilität sein. Auf diese Weise verwandeln sich tieftraurige Grotesken in bunte Ablach-Artikel.

Der pornographische Aspekt wird extrem heraus- und bloßgestellt, die Motivation dahinter als das «Übliche» verniedlicht. Genau auf diese aber und ihre psychoemotionale Basis käme es an. Als Opfer jedenfalls eines fremdbestimmten Lebensaufbaus *dürfen* diese Männer auch in diesem Falle nicht gesehen werden.

Als Opfer sehen sich dagegen die Frauen. Sie würden eher den Modellbauer wegen fortgesetzten Missbrauchs kunststoffener Frauen anzeigen, als sich den komplexen Ursachenhintergrund des Phänomens anzuschauen. Viel lieber leiden sie intensiv mit Blick auf sich selbst. «Ihre Sexualität», stellt Monika Goletzka kennerinnenhaft über Frauen fest, «ist noch heute gekennzeichnet durch einen extremen Mangel an zärtlichen oder auch nur andeutungsweise sinnlichen Handlungen» [117]. Dabei hätte der Satz so gut auch auf die japanischen Männer gepasst! Aber nein: So ein Satz ist reserviert für Frauen. Es darf nicht benannt werden, was so auch ist, sondern nur das, was so sein muss wie. Andersherum: Es kann nicht sein, was nicht sein darf. «Sexuelle Frustration» muss weibliches Vorrecht bleiben!

Zum weiblichen Vorrecht gehört es auch, der Neigungsprostitution nachzugehen und sich dennoch geopfert vorzukommen. Auch dann, wenn frau gar nicht mit ekligen Körperflüssigkeiten («Giftspritze») des Mannes in Kontakt gerät. Zum Beispiel im virtuellen Frauenhaus. Sex im Internet steht für die perfide Perfektion der Placebo-Sexualität, bei der Männer zwar zahlen, aber endgültig nichts mehr bekommen. Dass Männer auch an dieser Betrügerei hübsch mitorganisieren und mitverdienen, soll nicht davon ablenken, dass die Appetithäppchen im Geschäft von Frauen markiert werden. «Sex im Netz», wie es kurz gefasst heißt, lässt Neigungsprostitution zu einem Nebenjob unauffälliger Couleur werden. Diskretion und Kundenanonymität sind gewahrt, alles Fleisch bleibt außen vor. Der

Kunde fickt sich in die Hand, und die Verkäuferin, die Krankenpflegerin, die Logopädin, die sich auf die Anzeige «Attraktive Damen für Tele-Kommunikation gesucht» gemeldet hat[119], kassiert 25 Mark die Stunde. O-Ton einer der «attraktiven Damen»: «Ein toller Lohn für eine Arbeit, die eigentlich gar keine ist.» Die «attraktive Dame» hat durch die Art und Weise der Bildübertragung und ihre optische Qualität alle Manipulationstrümpfe in der Hand. Auf die Kundenanweisung hin, dass sie es doch mit dem Vibrator treiben solle, hält sie zwar das Gerät kurz in die Kamera, lässt es dann aber – in einer der Bildsequenzpausen – bequem wieder verschwinden und tauscht den Vibrator gegen ein länglich geformtes Taschentuch aus. Die Anbieterin gelangweilt: «Die wollen immer nur das Gleiche und du musst immer so tun, als ob du total scharf auf sie wärst. Aber die Bildqualität ist so schlecht, da erkennen die Typen eh nicht, was du zwischen den Beinen hast.» Solcher Erotik-Service übers Internet ist eiskalter Kundenbetrug, der sich aber nie «Ausbeutung des Mannes qua Vortäuschung falscher Tatsachen» schelten lassen muss. Die Frage der Macht sowie der Ausprägung und Ausnutzung von Abhängigkeiten ist im vorliegenden Falle entschieden. Der Mann ist der Depp. Er hätte besser preiswert und phantasievoll zu Hause masturbiert. «Ich bringe hier eine Dienstleistung», so eine «attraktive Dame» ausgekocht. Dann vergleicht sie diese mit ihrem Hauptberuf als Krankenschwester und stellt fest: «Da schaff' ich den ganzen Tag und bin abends schlagkaputt. Hier krieg' ich 25 Mark die Stunde auf die Hand und hab' danach keine Rückenschmerzen. Und wenn sich mal kein Kunde einklinkt, kann ich was lesen und krieg' trotzdem das Geld. Ist echt ein lockerer Job.»

Sinnlich-sexuelle Defizite des Mannes werden so vergleichs-weise entspannt zu Geld gemacht. Monika Goletzka würde den Fall dennoch erfolgreich feministisch «wenden» können. Der Sex im Netz wäre für sie – todsicher – ein Beispiel für die «ani-malisch-ejakulative Selbstbefriedigung des Mannes auf Kosten der Frau». Klingt doch fulminant! Und wie konnte es so weit kommen? So: «Daß die Sexualität des Mannes so armselig ist und die Sexualität der Frau fast ganz zerstört, ist das Werk des Mannes und seiner Herrschaft aus dem gleichen Ge-schlecht.»[117]

Hauptsache, frau ist auf der Verliererseite. Der Mann hat mit seinem «Ding» und der durch es symbolisierten Macht nicht nur seine eigene Sexualität «armselig reduziert», sondern auch die Sexualität der Frau ruiniert. Die Frauen waren währenddes-sen – ja, wo waren sie eigentlich? Nichts Genaues weiß man nicht. Jedenfalls waren sie nicht unter, auf oder über dem Mann, jedenfalls irgendwie nicht anwesend, nicht da, ohne Idee, ohne Einflussmöglichkeit, ohne Initiative, ohne Plan, ohne alles. *Wo* sie waren, ist unklärbar, *was* sie waren, steht fest: Opfer. Auf jedem Themenfeld wiederholt sich das bekannte Paradigma. Auf dem Gebiet des Geschlechtlichen herrscht nach verbreiteter Meinung gar «Kriegszustand»[120] zwischen Männern und Frauen. Der zeitgenössische Diskurs unterstellt dabei, dass Männer zum Thema alle ihre Wünsche geäußert hätten und Frauen aus ihrem Schweigen erlöst werden müss-ten.

«Die große Frage, die nie beantwortet worden ist und die ich trotz dreißig Jahre langer Forschungen in der weiblichen Seele nicht habe beantworten können, ist die: Was will das Weib?» Der nicht nur in dieser Hinsicht Scheiternde, Sigmund Freud, suchte pauschal nach Antwort und konnte sie aus ebendiesem Grunde nie finden. Das war kein Künstlerpech. Es war die Folge einer sowohl hybriden als auch einseitigen Fragestellung – ging doch auch Freud ganz selbstverständlich von einer klar zu konstatierenden Bedürfnisbefriedigung des Mannes aus. Was will der Mann? Diese Frage hat niemand gestellt. Glaubte niemand stellen zu müssen. Und stellt bis heute niemand. Ist es doch klar, was der Mann will, oder? Und ist es doch klar, dass er es immer bekommt, oder? Und ist es doch klar, dass er mit den vorherrschenden Frontziehungen im Geschlechterkampf hoch zufrieden ist, oder? Und ist es doch klar, dass er glücklich ist und alles hat – im Bett, in der Peep-Show, in Thailand, oder?

Was er offensichtlich nicht hat, ist genug Kraft in seiner Giftspritze. Zumindest reicht es nicht für die immer noch durchweg hohen Erwartungen an den Sexathleten, den – aller abwertenden Kritik zum Trotz – weiter viele Frauen im Manne vermuten. Der Mann ist der, der immer kann. Wenn schlaff – höchst seltsamerweise ebenfalls ein Penis-Zustand, für den Frauen genüsslich abfällige Sentenzen bereithalten –, werden Mann samt «Giftspritze» mit einer «Männlichkeitspille» straff und steif gemacht. So ist das «Ding» zwar wieder zerstörungsbereit und gefährlich, aber frau kann es wenigstens irgendwie benutzen. Hauptsache ist, dass mit einer solchen Maßnahme der Mann mit «Ding» als mediale Befriedigungsinstanz für die Frau wirksam werden kann.

Ein Beispiel aus der Werbung macht die Virulenz althergebrachter Männlichkeitsbilder in Frauen- wie Männerköpfen deutlich. «Männlich, sexy, allzeit bereit», betont eine Großanzeige in einer Fernsehzeitung, «so kennen wir den Schauspieler Heiner Lauterbach. Was macht ihn so männlich? Ehrliche Antworten: *Sie stehen für Männlichkeit total. Wie machen Sie das?* Lauterbach: Ich tue viel für meine Energie. Es ist doch unbestritten: Wer viel Kraft und viel Vitalität hat, der hat auch viel Sex-Appeal. *Wie kommen Sie zu der Energie, die vor allem Frauen fasziniert?* Lauterbach: Ich habe da etwas gefunden, was einfach super ist. Seit ich täglich eine Kapsel *** aus der Apotheke nehme, bin ich rund um die Uhr leistungsfähig und habe diese besondere Energie. *Sind Frauen nicht enttäuscht, wenn sie erfahren, dass Sie Ihre Männlichkeit einer Pille verdanken?* Lauterbach: Ich habe da ein Super-Produkt, das speziell für den Mann entwickelt wurde. Keine Frau ist enttäuscht. Im Gegenteil: Frauen wissen es zu schätzen, wenn man als Mann etwas für Kraft und Energie tut. *Was raten Sie Männern, die mehr Erfolg bei Frauen haben wollen?* Lauterbach: Man braucht vor allem Energie. Man muss dieses berühmte Feuer in sich haben und spüren. So unterscheidet man sich von den Langweilern und hat die Nase vorn.» [121]

Der arme Mann! «Rund um die Uhr leistungsfähig» will er sein, der Herr Lauterbach. Das Pseudo-Interview zur Promotion einer «Männlichkeitspille» kann vor lauter Worten wie «Kraft», «Energie», «Feuer» und «Leistung» gar nichts Rechtes zum Ausdruck bringen außer: Hier soll einer Leistung zeigen für zwei.

Dies gibt eine der Antworten auf die Freud-Frage «Was will das Weib?». Nach wie vor ist das Gros der Frauen hoch ambivalent sowohl auf der Bettkante als auch im Bett selbst. In diesem Gros stecken auch viele «neuen» Frauen, die doch anders leben, anders denken, anders handeln, anders ihr Leben bewältigen als die Frauengenerationen davor. Die Ambivalenz drückt sich so aus: Einerseits werden hohe Eigenantriebsimpulse definiert, die Selbstbestimmung, Selbstentscheidung, hohe Sinnlichkeitskompetenz wie Wortgebirge voller schimmernder Achttausender aufbauen. Andererseits wird – nach wie vor, wenn auch anders gewichtet und sozusagen zeitgenössisch verbrämt – die Verantwortung für die sexuelle Erfüllung von Frauen zu einem bedenklich hohen Quantum den Männern zugewiesen. Man nehme hierzu eine ansehnlich gemachte, zeitgeistsegelnde Frauenillustrierte («Petra») und schaue nach im großen Bericht zum Faktor «GIB – Gut im Bett»[122]. «Die Vorstellung, der Mann müsse wissen, was der Frau guttut, ist immer noch weit verbreitet», stellt dazu die Psychologin Kirsten von Sydow fest[123].

Wo sind eigentlich, fragte mich ein Bekannter neuerdings Hilfe suchend ehrlich, «diese Powerfrauen im Bett»? Die Frage ist berechtigt. Vielen suggestiven Bildern im Kino, vielen kraftstrotzenden Buchtiteln und Zeitschriftenartikeln zum Trotz sind nach wie vor diverse Versionen des Lauterbach-Syndroms in weiblichen Köpfen fest verankert. Leistungsvorstellung und Verantwortungsdelegierung an den Mann sind doppelt befremdlich – stehen doch dessen sexuelle Antriebe pauschal unter dem Verdacht ausschließlicher «anarchischer Gattungsreproduktion»[117].

· Leben Frauen Lust oder warten Frauen auf Lust? Verfolgen Frauen tatsächlich offensiv ihre Lust, so sie die ganz und gar eigene Vorstellung davon in sich entdeckt haben? Oder werden sie nicht allzu gern bekniet, bebettelt, verzaubert, verführt? Oft scheint es Frauen viel zu anstrengend, in diese konkrete Verfolgung einer eigenen Vorstellung von Lust oder sexuellem Spiel einzusteigen. Viel zu oft scheint es ihnen schlicht zu anstrengend – anzufangen. Mein Gott, denken viele und lassen alle

Aufwände in der Heraufbeschwörung der Lust bequem fahren, er wird schon irgendwann seine Lust wieder kriegen. Er wird schon wieder kommen, wenn er was will, wenn «er» es braucht. So gesellt sich zum Opfer(selbst)bild und zum Opfergehabe meist auch noch Phantasielosigkeit und Antriebslosigkeit. Dass diese beiden Faktoren den Tod einer lebendig-lustvollen Zweisamkeit heraufbeschwören, Schritt für Schritt mehr Langeweile verbreiten und allen Spaß zur sexuellen Spontaneität vernichten, ist vielen Frauen ganz offenbar nicht bewusst – oder eben schon wieder vollkommen egal. Oder der Leidensdruck ist schlicht zu gering.

Frauen schätzen es, für endlos begehrenswert gehalten zu werden – was auch diese nervtötend einseitige Buhlerei immer wieder neu entfacht –, die Frage ist aber: Begehren sie selbst? Definieren sie und behandeln sie Männer als Lustobjekte? Männer werden gerne begehrt, gerne in Augenschein genommen, gerne verführt. Aber verführen, verzaubern, beknien, bebetteln Frauen zielsicher Männer ihrer lustbetonten Wahl? Mein Urteil: viel zu selten. Tendenziell wird von weiblicher Seite weiter in erdrückender Weise die eigene Bedürfnisbefriedigung externalisiert. Es muss einer kommen, der es faszinierend macht, der es wunderbar macht, der es scharf, zart, schön, intelligent, lang, extra lang, endlos lang, nimmermüd macht. Was will das Weib? Antwort: Warten, bis er anfängt. Passivität auf dem Genussfeld der Sexualität zeigen da auch Frauen, die außerhalb geschlechtlicher Zusammentreffen längst zu Initiative und Aktion in der Lage sind. In vielen Beziehungen herrscht die schlichte Lösung: Hat er Lust, zeigt er sie, äußert er sie oder fängt er einfach langsam damit an. Dann kommt es zum sexuellen Miteinander. Wartet er auf sie, kommt es zu keinem sexuellen Miteinander.

Die Leistungslatte – ein passender Begriff – an Männer anzulegen ist nicht zuletzt aus dem Grunde hinfällig, da Frauen viel größere sexuelle Möglichkeiten offen stehen als Männern. Ohne Neid gilt es festzuhalten: Anders als Männer können sie ohne Refraktärzeit mehrere Orgasmen in Folge erleben. Dennoch ist für viele Frauen in einer stark relationalen Weltsicht der «Partner» schuld, wenn sie Sexualität nicht so ausleben können, wie sie es von ihren Möglichkeiten her könnten. Von Sydow schreibt dazu: «Frauen weisen Männern gerne die Verantwortung zu. In meiner Interview-Studie habe ich zum Teil schreckliche Geschichten über Sexualität in Partnerschaften gehört. Auffällig war, dass sich die Frauen nur als Opfer dargestellt haben, sich aber nicht gewehrt, sondern bereitwillig mitgemacht haben. Einige haben sogar davon berichtet, dass ihr Mann sie wiederholt nach ihren sexuellen Wünschen gefragt hätte, aber sie hätten nichts davon ‹verraten›.»[123]

Ambivalenzen, wohin man blickt. Ebenso wie das patriarchale Konstrukt des alleine für Frau und Familie wirtschaftlich aufkommenden Mannes als nicht mehr existent lauthals in Abrede gestellt, aber dann, ganz individuell, gerne in Anspruch genommen wird (60 Prozent der Frauen in Deutschland – Zahlenangabe aus dem März 1998 – gelten als in irgendeiner Weise berufstätig. Sind die 40 Prozent nichts?), so ist auch auf dem Feld des Sexuellen viel von eigenen Ansprüchen, eigener geschlechtlicher Identität und betont anderer, nämlich «weiblicher» Sexualität die Rede – und dann wird doch nur nach dem Marlon-Brando-Cary-Grant-Robert-Redford-Evergreen-Frauenschwarm Ausschau gehalten. Wie ein Zwist von Kopf und Bauch, von Freiheitsslogan und Sozialisationsnachhall wirkt das Sowohl-als-auch der modernen Frau. Spüren tun das vor allem auch die «anderen» Männer, darunter jene von weiblicher wie männlicher Seite gerne als Softies, Weicheier oder Muttis Trottelchen verspotteten Anti-Machos sowie all jene, die mit dem Kanon konventionellen Anbaggernsollens und Eindruckschindens einfach nichts mehr am Hut haben wollen. Bemühen sich solche Männer mit einer nicht tradierten Überzeugungsmethode um eine Frau, die gleichzeitig der Aufwartung eines klassischen Tönespuckers ausgesetzt ist, so wird sich das beturtelte Weib erstens keinen Deut mehr selbst um einen Mann bemühen (schließlich: «Motten umschwirren das Licht»!) und zweitens wird sie ins silbermetallicfarbene Cabrio des Machos steigen, weil sie sich auf dem Beifahrersitz angemessen umbuhlt sieht. Da bleibt dem Manne mit dem Dreigangfahrrad nur ein mattes Lächeln reserviert.

Wie verwirrend altmodisch Frauen auf Männer reagieren, die sich traditionell verhalten, erfahren Frauen ironischerweise bei einem Kurs, der sie von Fiesheit, Eindimensionaliät und tumber Berechenbarkeit des Mannes, wie er halt so wutzt und sabbert, überzeugen soll. Die Amerikanerin Diane Torr bietet ihn in Deutschland an unter dem Titel «Für einen Tag ein Mann» [124]. Der Kurs, der voll gepfropft ist mit Vorurteilen und Urteilen zum typischen Mann («wie isst, redet, sitzt und bewegt sich der gewöhnliche Mann»), ist für Frauen eine Herausforderung. Denn: Sie schlüpfen in die Rolle eines Schweines – für 290 Mark Kursgebühr. Wohl präpariert, gar einen Synthese-«Schniedel» in der Unterhose, geschminkt und verkleidet, gehen sie als Mann durch eine deutsche Stadt, ins Theater, ins Kino, in die Kneipe. Torr: «Ich will Frauen nicht beibringen, sich möglichst wie Männer zu verhalten, sie sollen männliches

Gebaren nur besser durchschauen – und dadurch auch ihr eigenes, weibliches.»

Wichtig ist der Hintergrund des Kurses: Torr hatte sich Ende der achtziger Jahre in New York für eine künstlerische Performance als Mann verkleidet und wurde, gegen ihre Erwartung, als ein solcher akzeptiert. Eine Frau begann alsbald, sie anzubaggern – und ließ nicht locker. «Sie klimperte mit ihren Augenlidern, säuselte, trat von einem Bein aufs andere und hörte gar nicht mehr auf zu lächeln. Ich schämte mich für sie, wie sie mit all ihren Gesten versuchte, sich mir zu unterwerfen», erzählte Torr ihr Schlüsselerlebnis. Unangenehm berühren muss dieses Ranschmusen an den Macker-Typus von Mann dann, wenn es – fast als Automatik der Regression – von mancher den Kopf sehr hoch tragenden, modernen Frau inszeniert wird. Die Modernität demaskiert sich bald als scheinbar, die verborgene Sehnsucht, Verantwortung zu delegieren und doch irgendwie den Status der Beschützten zu erlangen, bricht sich Bahn. So stellt sich also die Frage «Was will das Weib?» auch durch den Nebel der Gleichstellungs- und Opferrhetorik stets neu.

Frauenforschung und Feminismus gelang es in den letzten dreißig Jahren auf annähernd jedem Sektor des individuellen, familiären oder gesellschaftlichen Lebens eine Benachteiligung oder Missachtung der Frau nachzuweisen. Der Bereich Körper, Intimes, Sexualität blieb da nicht ausgespart. Allerdings ist das Wort von der missachteten Frau auch auf diesem Gebiet pures Wortgeklingel. Der rein faktische Wissensstand, der der Gesellschaft über die Frau und ihren Körper zur Verfügung steht, ist seit Jahrzehnten sprunghaft vervollständigt und perfektioniert worden. Dem Frauenkörper ist medizinisch-didaktisch dank

detailreicher Forschungen und bemühter Analysen quasi eine –
neben seiner Beachtung in der Kunst – zweite hymnische Über-
höhung widerfahren. Von der pränatalen «Weiblichkeit» über
Kindheits-, Adoleszenz- und Reproduktionsforschung bis zur
Gerontologie werden Frauen in toto so Ernst genommen wie
Männer nie. Die Analytik in Sachen Hormone, Hormonsteue-
rung und -medikation, in Sachen Körperentwicklung, Pubertät, weiblicher Zyklus, Gesundheitsvorsorge, Schwangerschaft,
Geburt, psychosomatische Wechselwirkungen, Klimakterium,
Alterungsprozess, die soziokulturellen und soziobiologischen
Vergleichsstudien und so fort zeigen weltweit das Gegenteil einer Missachtung des weiblichen Körpers. Frauen, so muss das
summa summarum lauten, werden von Forschung und Wissenschaft über alle Fakultäten hinweg überproportional wichtig genommen. Frauenkrankheiten, seien sie seelisch, emotional, körperlich oder multifaktorell, wird in der Fachliteratur
wie im Alltags- und Mediendiskurs ein Mehrfaches von dem
Raum gewidmet, was etwa die Beschäftigung mit dem Männerkörper einnimmt. Reifungsweg und Reifungszeit einer
Eizelle sind im Kontext des Wissens um den «Reproduktions-
apparat» fast Pflichtinformationen in der fortgeschrittenen Se-
xualkunde. Fragt man dagegen – nur eine einzige einer Armada
von einfachen Fragen – nach der Gesamtreifungszeit einer
männlichen Samenzelle bis zum Erguss, dann wird man auf tief
verankertes Nichtwissen treffen [125]. Dieses Detail steht stellvertretend für das Ganze.

Gesundheitsvorsorge allgemein, die Krebsvorsorge im Speziel-
len sind Domänen der Bezugnahme auf «Frauenprobleme».
Neunzig Prozent der öffentlichen Vorträge über medizinisch
auffällige Alltagserscheinungen oder spezielle Symptomatiken

gelten der armen, zu kurz gekommenen «Frau in den Fängen der Männermedizin»[126]. Krankenkassen wie Frauenkommunikationszentren stärken diese Konjunktur mit Thematisierungen von Fragen wie «Sind Frauen anders krank als Männer?». Ebenfalls hochinteressante Themen wie «Warum sterben Männer sieben Jahre früher als Frauen in Deutschland?» oder «Warum nutzen nur 20 Prozent der Männer die kostenlosen Untersuchungen zur Krebsfrüherkennung?» fallen dagegen unter die Obhut sorgfältiger Tabuisierung. Männer sind weitaus häufiger von Krebserkrankungen betroffen als Frauen[127], und das nicht erst, wenn sie die 40 überschritten haben. Hodentumore, ein Beispiel, befallen Männer im Alter von 18 bis 30 Jahren. Nicht nur sie, sondern Männer insgesamt, also Männer aller Altersstufen, glänzen jedoch mit tief verinnerlichter Verdrängungsdisziplin und völlig einseitigem Körperverständnis diesbezüglich: «Sie fordern ihren Körper, aber sie tun nicht bewusst etwas für ihn. Insbesondere in den Altersgruppen, die Früherkennung wahrnehmen sollten, ist dieses Leistungsdenken sehr ausgeprägt.»[128]

Fehlendes oder falsches Körperbewusstsein des Mannes erhellt auch jeder Blick auf alle Arten von Drogenkonsum. Männer konsumieren – Ausnahme ist der Medikamentenmissbrauch – zum Teil um das Doppelte mehr Alkohol und Rauschmittel als Frauen. «Bekiffte Mannsbilder» kommentiert da der deutsche Blätterwald trocken und achselzuckend in einer fünfzehn Zeilen langen Meldung[129]. Und setzt diese Bekifften nie in Relation zu einem Lebensgefühl der Zwänge, Ausweglosigkeit und Versperrtheit. So teilt die Zeitschrift «Ärztliche Praxis»[130] etwa lapidar mit: «Pessimisten sterben früher: Dies ergab eine vor siebzig Jahren begonnene Studie an damaligen Schülern in Kalifornien, die ihr Leben lang begleitet wurden. Als Pessimisten wurden für die Studie solche Personen bezeichnet, die bei Misserfolgen die Schuld nur bei sich suchen» (wird dies denn nicht immer von Frauen behauptet?) «und davon überzeugt sind, dass ein einziges negatives Ergebnis das gesamte Leben ruinieren kann. Die Männer waren besonders pessimistisch und hatten ein erhöhtes Risiko, durch Unfall oder Selbstmord zu sterben, weil sie unfähig waren, Probleme zu lösen und zudem zu riskanten Entscheidungen neigten.» Soll heißen: Weder das ganz offensichtlich depressiv-pessimistische Lebensgefühl und Bewusstsein der Männer als auch ihr sich eventuell ganz erheblich daraus speisender Rauschmittelkonsum – sowie ihre latente Freitodneigung – waren mehr wert als die spröde Meldung der Fakten an sich. Fünfzehn Zeilen. Undenkbar, hätte es sich um weibliche Menschen gehandelt.

Das Schema wiederholt sich: Die Diskussion um Gesundheit ist eine um *weibliche* Gesundheit. Tatsache und Therapiemöglichkeiten des Brustkrebses waren über die Jahre längs und quer durch den Blätterwald deutscher wie internationaler Medien Tausende von Titelgeschichten wert. Noch die unerheblichsten Forschungsfortschrittchen wurden der armen, missachteten Leserinnenschaft eiligst mitgeteilt. Die Erkenntnis des medizinischen Männerkundlers Hans-Udo Eickenberg, nach der «der Wissensstand über den männlichen Körper im Vergleich zur Frauenforschung um rund dreißig Jahre» zurückliege, ist dagegen auch aufklärerischen Organen [129] nur wenige Zeilen wert. Weder in der medizinischen Körperforschung also noch von ihrer Spiegelung her im sicht- oder hörbaren sozialen Diskurs kann hier von Gleichgewichtung oder gar Gleichberechtigung die Rede sein.

Der Frauenkörper ist umsorgt und umhegt. Ein Mann kann da nur neidisch werden. Zig Fachmagazine nehmen sich jedes weiblichen Symptömchens an, der vielen Fältchen, der Zellulitis, der alternden Lymphbahnen, der psychisch-seelischen Gefahren für verheiratete Frauen – «Ehe macht Frauen krank» [129] –, der Winterdepression («vor allem Frauen sind betroffen») und der erlösenden Formen der Lichttherapie, der grauen Haaren, der tausend tröstenden Färbungstechniken und der Gefahren aufflackernder Inkontinenz beim sturzartigen Ablachen über Männerwitze. Man mag vieles davon als Ausdruck patriarchaler Zuweisung abtun (Frauen leiden – ehrlich: was sonst – unter Schönheitsimperativen) – jenseits dessen ist es aber eine allgemein gut geheißene Befassung mit ihrem Körper, ein Wahrnehmen, ein Wichtignehmen, ein Bemerken und Bemühen. Dagegen ist der Männerkörper nur eine Marionette. Und Marionetten sind aus Holz. Ohne mild zu pflegende, stets sorgsam rückzufettende Haut, ohne Anspruch auf eine die «Problemzonen» bearbeitende Gymnastik, ohne Bedarf auf kreislaufstimulierendes, Wohlgefühl beförderndes Aerobic, Joyrobic oder Stretching, ohne Notwendigkeit für Rückenschule oder gar kurähnliche Besuche in Schönheitsfarmen. Was will man da mit dem Holz der Marionette! Im Drogeriemarkt sind daher auch 85 Prozent der Produkte – sozusagen – mit dem Warnaufkleber versehen: «Männerhände weg!». Der weibliche Körper und seine sexuellen Bedürfnisse sind auf Podien, in Seminaren, im Fernsehen und in der Zeitung ein Thema ständiger Sorge: Wie bloß können wir der Frau in der Sexualität mehr gerecht werden, wie kann ihrem Körpergefühl, ihrem Körperbewusstsein besser entsprochen werden?

Amerikanische Feministinnen wie Naomi Wolf bringen es

trotzdem fertig, Bücher zu der dreisten Behauptung anzufertigen, dass Mädchen und Frauen zu wenig redeten über ihre sexuellen Probleme, über ihre sexuellen Wünsche und Vorlieben, dass sie allseits diszipliniert würden und nie zu Wort kämen. «Weibliches Verlangen», schreibt Wolf, «ist geradezu erschreckend unterdrückt in unserer vermeintlich so liberalen Gesellschaft.»[131] Und aus Deutschland wird nachgeschoben: «Die soziale und sexuelle Realität der Frauen, ihr Verständnis von Sexualität, ihre Bedürfnisse und ihr Erleben sind offensichtlich immer noch ein Randthema.»[132] Ganz im Gegenteil. Randthemen sind der Körper und die wahre, die unverstellte, die ganze Sexualität des Mannes in der sich arbeitsteilig und sozioökonomisch schnell wandelnden Moderne. Körper und Sexus der Frau sind Tagesdebatte, der Körper des Mannes und was dieser Benutzte, Funktionalisierte und Ausgebeutete etwa an seelischen Konflikten austrägt, ist geheime Verschlusssache. Der Körper des Mannes ist Maschine. Und seine Sexualität, seine Wünsche, sein Begehren, das – mein Gott, ja, das schlabbert so vor sich hin.

Im Grunde ist der Mann so, wie er kulturell und gesellschaftlich disponiert wird in seiner Sexualität, entweder ein armer Hund oder ein potentieller Sexualtäter. Die tieferen Hintergründe für die sexuelle Gewaltbereitschaft einiger Männer liegen doch nicht in einer für sie ganzheitlich gelungenen Sozialisation begründet, sondern in einer extrem mangelhaften. Die verquere männliche Sexualität zwischen gefährlich-zügellos und schüchtern-verklemmt, zwischen situativ schnell enthemmbar und individuell hoch erschütterbar zeugt keinesfalls von Normalität. Statt schnöde biologistisch über ein mögliches Gen für sexuelle Kriminalität zu reden, wäre die Debatte zu er-

öffnen, wie eine umfassende, auf das Modellieren selbstbewusster und genussfähiger Menschen abgestellte Sexualerzie-
hung in dieser Kultur zu gestalten wäre. Dazu ist mehr Wissen,
sind viel mehr Fragen und viel mehr Antworten vonnöten.
Und die Einsicht, dass die ausreichend begleitete Reifung kom-
petenter sexueller Persönlichkeiten eine allgemein akzeptierte,
öffentliche Aufgabe sein sollte wie das Unterrichten in den vier
Grundrechenarten. Kenntnisse über den eigenen Körper sind
tatsächlich *Grundkenntnisse*. Leider werden sie nicht vermittelt. Oder nur ein bisschen. Oder nur zufällig. Oder halt da,
wo's unvermeidlich ist. Oder mal so, mal so. Kenntnisse aber
über die tradierten sexuellen Standards sowie eine offene Debatte über sie würden dem Prozess sexueller Selbstfindung
sowie der Außenorientierung zum anderen und/oder zum
eigenen Geschlecht ganz wesentlich nützen.

Das *Bild* vom Mann zeitigt gerade auf dem Feld des Geschlechtlichen sehr oft das *Resultat* Mann. Allzeit bereit, tonan-
gebend, die Initiative ergreifend, nicht abwartend, sondern for-
dernd aufzutreten – das irrlichtert weiter unkorrigiert oder nur
schlecht ergänzt in viel zu vielen Männerköpfen. Und Mütter-
köpfen. Und Frauenköpfen. Die feministische Betrachtung
zum Gesellschaftsresultat des sexuellen Mannes strotzt vor
Kontraproduktivität. Rätselhaft erscheint da manch feministische Kolumne, die ewig meckrig zwischen «testosteronstrot-
zenden Helden» und den «Langweilern daheim» changiert[133].
Der sexuelle Mann kommt ansonsten in der feministischen
Kampfschrift nur als Hormonidiot daher, getrieben, befeuert
und fremdbestimmt von offensichtlich zu großen und allemal
sonderbaren Drüsen rund um die monsterhafte «Giftspritze».
Damit beweisen jene Schreiberinnen ähnlich fundierte Män-

nerkenntnis, wie sie weiland Arthur Schopenhauer über die Frau unter Beweis stellte.

«Männerkunde» unter den Prämissen der das Stichwort liefernden, holländischen Universitätsfrauen ist nicht am Mann selbst interessiert, sondern an der akademischen Vervollkommnung von Vorurteilen über ihn. Das Geschlechterverhältnis kommt so allerdings keinen Schritt weiter. Aber wer sagt auch, dass moderner Feminismus dies will. Die im Rahmen der feministischen Theorie mit triumphierender Geste vermittelte «weibliche Friedfertigkeit» und die Denkmuster, die Sigmund Freud zu seiner These vom Aggressionstrieb verführten – selbstverständlich ein «männlicher» Trieb –, stellen sich als verschmuste Geschwister vor, die beide tapfer die Augen vor der Wirklichkeit verschlossen halten, weil sie es sich so warm und freundlich miteinander eingerichtet haben. Gewalt wird in allen patriarchalen Gesellschaften geschlechtlich delegiert. Ausgehend von tradierter Werthaltung und Ideologie, gehört diese Delegierung zur politischen Grundstruktur auch noch der zeitgenössisch verfassten Staatenwelt. Die Organisation einer erfolgreichen föderalen Demokratie wie der Bundesrepublik Deutschland macht da keine Ausnahme. Bis heute regelt das Grundgesetz – um ein Beispiel herauszugreifen – explizit und restriktiv, dass Frauen, und sei es im direkten Verteidigungsfall, der Dienst an und mit der Waffe verboten ist. «Frauen dürfen auf keinen Fall Dienst mit der Waffe leisten», lautet der unerbittliche Klartext in Artikel 12a, Absatz 4. Bis zu Beginn des Jahres 2000 durften sie auch nicht, wenn sie dies mit Nachdruck und unter Betonung der Freiwilligkeit einforderten[134]. So absurd und verquer also führt sich das «Patriarchat» als Frauenschutzinstitution auf.

Alles Kraftverschlingende, alles von Angriff oder Verteidigung Bestimmte, mit Gefahr für Leib und Leben und mit einem kämpferischen Risiko Behaftete wird aber nicht nur an Männer delegiert. Es wird jenseits staatlicher Regelgewalt grundsätzlich von Männern erwartet, abgefordert. In archaischen Gesellschaften wird es männlichen Kindern und Jugendlichen gleich ganz offen, nämlich in Form eines rituellen Aktes, als Lebensauftrag übergezogen. Daneben gibt es leider nichts, ganz und gar nichts. Es gibt keine konkurrenzfähige, breit hervortretende Kultur «weicher, warmer» Männlichkeit, die wie ein Magnet eine attraktive Orientierung weg von den Vorbildern von Tarzan bis Terminator leisten könnte. Männer sind Männer sind Männer – so deprimierend schlicht stellt sich manche Sozialisationsphase für Jungs dar.

Wo aber begehrenswerte und allgemein akzeptierte Alternativen fehlen, wo verdeckte oder offene Belohnung für die Übernahme standardisierter Muster wartet, kann eine Kultur anderer Männlichkeit nur mühsam heranwachsen. Wo junge Mädchen – bleiben wir in Deutschland – in ihren Lebensentwürfen die Wahl haben heutzutage, gähnt für Jungs eine Leerstelle. Wo junge Mädchen heute, *dank* der Frauenbewegung und *durch* die Frauenbewegung, differierende Frauenbilder und leibhaftige Frauen-Vorbilder unterschiedlicher Couleur unter die Lupe nehmen können, um darauf aufbauend einen Lebensweg zu entscheiden, machen Jungs immer wieder den Job der Väter und Vorväter. Der Mangel an Vorbildern für eine ganz entspannte, sinnliche, für eine kind- und/oder familienbetonte, womöglich von weiblicher Berufstätigkeit subventionierte männliche Lebensform gehört zu den schmerzlichsten Defiziten unserer Kultur.

Dieses Defizit trägt sein Quantum an Verantwortung bei für den schon zitierten «Kriegszustand zwischen den Geschlechtern». Der wurde plastisch manifest mit den Massenvergewaltigungen durch serbische Soldateska während des Bürgerkrieges im ehemaligen Jugoslawien. Die Gewalt dieser Männer trat für die Öffentlichkeit überraschend hervor. Sie war es aber nicht. Die Vergewaltiger haben nur zur Handlung verlängert, was mehr oder minder gut im Zaum gehaltene Latenz in ihnen längst bereithielt. Es handelte sich um Männer, die auch vor dem Krieg gewaltbereit waren oder gewesen wären und die im Krieg unter dem Befehl, wehzutun und zu töten, endgültig letzte Hemmungen wegräumten. Die Scheußlichkeit der Verbrechen verweist aber nur zurück auf das Klima latenter sozialer Gewalt, auf die gesellschaftlich geförderte, permanente Gewaltbereitschaft, in dem jene Vergewaltiger selbst heranwuchsen und – leider – weiter heranwachsen. Wo Menschen sich als Ausführende eines insgesamt akzeptierten Niveaus von Gewalt definieren können, ziehen sie für sich und ihre Moralvorstellungen den Kopf aus der Schlinge. Sie leihen sich ethische Maßstäbe nach Bedarf, sie *haben* aber keine. Nicht zuletzt sind sie auch nicht in der Lage, eigene, damit abweichende Maßstäbe individuell aufzubauen. Solange Männer Frauen die Möglichkeit geben, der (Un-)Kultur von Krieg, Tod, Gefahr und Gewalt wie Zuschauer beizuwohnen, dabei selbst «rein», «unbefleckt» und «unschuldig» zu bleiben, so lange wird diese Gewaltdominanz der Männer auch die Frauen selbst stets wiederkehrend bedrohen, sie mit fürchterlicher Vehemenz einholen.

Die frauenbewegte Frau hat damit bisher nicht gelöste Probleme. Sie wirft dem Mann pauschal Aggression vor, profitiert jedoch andererseits klar von der gesellschaftlich an den Mann delegierten Gewalt. Weder sollten Frauen in Abrede stellen, dass sie profitieren – bis zu einem gewissen Grad, der definiert wird vom Umkippen der Gewaltrichtung –, noch sollten sie in Abrede stellen, dass sie an der so grob halbierten Welt Krieg (= männlich) versus Frieden (= weiblich) substantiell nichts verändert haben bis dato: Solange der sprichwörtliche «Einsatz des Lebens» im Beruf und Katastrophen- oder Kriegsfall ein automatisiertes, nicht hinterfragtes Opfern von Männern bedeutet, wird das überforderte und geopferte Geschlecht weiter entgleisen – bei Vergewaltigungen, bei Amokläufen, inmitten von Kriegshandlungen und mit Zeitabstand danach. Diese Entgleisungen sollten mindestens so sehr individuellem Versagen wie einem immer wieder verblüffend ähnlich zusammengesetzten Ursachenkomplex zugeschrieben werden. «Ein Mensch kann mehr oder weniger stark zur Aggression hingeführt werden – durch das, was man von ihm verlangt, durch die Rollen, die man ihm anerzieht. Aggressives Handeln setzt komplizierte Lernvorgänge voraus», resümiert der Psychologe Hubert Selg[135] noch eher behutsam, fast leisetreterisch. Aber: Auch die Psychologie traut sich nicht mehr, den Verdacht aufkommen zu lassen, dass es sich bei Männern um Opfer handeln könnte.

Opfern würde man mit Verständnis begegnen. Tätern gegenüber zeigt man Härte. Ein schwieriges, emotional unsäglich belastetes Thema sind die durch starke Medienresonanz und damit auch starkes öffentliches Interesse geprägten Fälle sexuellen Missbrauchs an Mädchen und Jungen durch einzelne Sexualstraftäter in den neunziger Jahren in Deutschland und Belgien.

Ein Beispiel: Rolf Diesterweg wurde im Dezember 1997 zu lebenslanger Haft verurteilt. Der zur Tatzeit 34 Jahre alte Mann hatte ein zehnjähriges Mädchen entführt, missbraucht und danach heimtückisch ermordet. Zuvor hatte er sich, in den Jahren 1991 und 1995, an zwei damals elf und 13 Jahre alten Jungen sexuell vergangen. Das Täterprofil von Diesterweg ist im Bereich der seelisch-emotionalen Ausstattung geradezu klassisch für einen jener «entgleisten» Männerlebensläufe, die das Kausale versinnbildlichen: von Gewalt spüren zu Gewalt weitergeben. Interessant auch die Selbstskizze des Angeklagten Diesterweg vor Gericht. Diesterweg rundete seine Selbstbeschreibung ab mit Sentenzen wie «unkontrollierte Gewaltphantasien, tief sitzende Ängste, Minderwertigkeitskomplexe, immer währende Unsicherheit» [136]. Weder in der allgemeinen Lebensführung noch bei der Ausprägung einer angstfrei agierenden sexuellen Persönlichkeit hat der Entgleiste seinem Leben je Halt und Sicherheit geben können. Von außen hat er diesen Halt, diese Sicherheit, dieses angstfreie Aufgehobensein auch nie bekommen. Was sagt dies aus über den Umgang mit Menschen und jenen mit ihrer Sexualität? Dem Gericht und der massiv interessierten Öffentlichkeit sagte dies offensichtlich gar nichts. Strafe wurde gefordert, nichts sonst. Der Täter, der sich selbst immerhin doch als «schlimm anders» wahrgenommen hatte, lief mit seiner «fast flehentlichen» Einlassung vor Gericht, «ich brauche bitte ganz dringend Hilfe, bitte», einfach ins Leere.

Auch da, wo solches Flehen nach Hilfe unterbleibt, wird die Notwendigkeit, sie zu geben, ignoriert. Im Falle des 29 Jahre alten Armin Schreiner, der eine Siebenjährige aus Oberbayern entführt, danach missbraucht, mit dem Kopf gegen einen

Baum geschlagen und das noch atmende Kind dann in den Lech geworfen hatte, wo es ertrank, ist lebenslange Haftstrafe ebenfalls als einziges Mittel zur «Behandlung» des Falles erachtet worden. An Schreiners Schuldfähigkeit, wies das Gericht hin, hege es «nicht den geringsten Zweifel». Er weise zwar «gewisse Persönlichkeitsstörungen auf», die aber keinen krankhaften Charakter hätten. Schreiner leide unter einem eher schwachen männlichen Selbstbewusstsein, habe Konflikte mit Partnerinnen, die er nicht angemessen austragen könne, und zeige deshalb große Aggressionstendenzen. «Die Folge ist das Ausleben von Stärke gegenüber einem schwächeren Opfer», erklärte der Richter [137]. Was für eine Sprache! Was für eine Interpretation! Konflikten mit Partnerinnen nicht standhalten, sich an schwächeren Opfern vergreifen, letztlich ein Kind für «ein schwaches männliches Selbstbewusstsein» mit Entführung, Missbrauch und brutaler Tötung büßen lassen – dies alles lässt das Gericht, siehe oben, auf «gewisse Persönlichkeitsstörungen» schließen? Nein, der Mensch Schreiner benötigt kein lebenslanges Ein- und Herumsitzen, er benötigte eine Therapie. Wie so viele andere bewegte er sich offensichtlich stets am Rande zwischen defizitärem Selbstbild, mangelhaft ausgebildeter Fähigkeit zur Lebensbewältigung und dem kleinen Schritt zur Kompensation dieser fehlenden Ausstattung im kriminellen Gewaltakt. Wenn nicht Menschen wie Schreiner, wer benötigte Therapie?

Therapie als Unterstützung zur Reifung von Persönlichkeit, zur Selbstreflexion, zur inneren Neubestimmung, zur bewussten Lebensführung und -änderung zu verweigern oder deren möglichen Erfolg in Abrede zu stellen hat lange Tradition. Diese wiederum gehört zum Primat des Strafens, deren Vollzug Opfern wie Tätern nicht nutzt, dem Gemeinwesen nur Kosten verursacht und zudem die Gesellschaft im Unklaren darüber belässt, wo die wirklich gefährlichen Untiefen in ihrer Alltagspraxis lauern. Männer, wie sie die herrschende gesellschaftliche Ausrichtung und ihre Leitbilder ständig neu produzieren, gehören zu diesen Untiefen und lauernden Gefahren. Männern wie Diesterweg oder Schreiner gegenüber Therapie zu verweigern und sie ausschließlich wegzusperren, als befänden wir uns im 17. Jahrhundert, hat zu tun mit dem Männer=Täter-Komplex. Dieser Denk-Konnex reserviert – an welchem Themenfeld immer – einfach keinen Platz für den Mann als Opfer, schon gar nicht als Opfer von Umständen, die er doch – so die Frauenbewegung – zu seinem ausschließlichen Nutzen selbst geschaffen hat.

Ein Schlüsselwort für das Problem heißt «Täterarbeit». So unzweifelhaft wichtig fundierte Arbeit mit den Opfern ist – mit Frauen, Kindern, Männern –, so wenig ist durch sie allein die gesellschaftliche Reproduktion von Gewalt und «Tätern» zu verhindern. Täterarbeit – da wagte sich ein Pilotprojekt des Diakonischen Werkes [138] mit der passenden Formulierung an die Öffentlichkeit – ist «ungeliebte Arbeit». Mehr noch: Täterarbeit wird als unappetitlich, als unattraktiv, als psychosozial nicht gewinnbringend, ja als schiere Zumutung empfunden. Nicht zuletzt von Frauen, die in der Betreuung der Opfer von Sexualstraftätern zur Feministin wurden. Während Mädchen- und Frauenprojekte – Aufklärung, Bildung, Therapie, Lebenshilfen – sich jedoch stets der Unterstützung durch die Gemeinden, Kirchen und einzelner Sponsoren sicher sein können, brachte das zitierte Modellvorhaben des Diakonischen Werkes mit dem Titel «Männer mit Gewaltproblemen» den kleinen

Kreis ernsthafter Initiatoren an den Rand der Verzweiflung. Finanzmittel für Täterarbeit zu beantragen ist ein besonderer Affront. Der Täter ist igittigitt, ein Unmensch, ein Paria – ein Mann.

Gewalt von Männern in der Familie, in der Paarbeziehung, gegenüber Kind oder Kindern wird mit einer solchen Einstellung – Wegsehen, Nichtstun, die Opfer Pflegen – jedoch nicht beendet. Täterarbeit würde bedeuten, typische Tätersymptome biographisch frühestmöglich positiv zu beeinflussen. Männer, die das Recht anderer auf die psychische und physische Unversehrtheit missachten, sind durch die ständige Hilfe bei Reparatur und Rekonstituierung ihrer Opfer kaum sonderlich zu beeindrucken oder zu bessern. So schrill es klingen mag: Täter und vor allem werdende Täter, zunehmend auffälliger Agierende und Sonderlinge benötigen Zuwendung, und zwar nicht ein bisschen, sondern viel und sehr konkret. Gewalttäter im familiären Umfeld ebenso wie die Diesterwegs und Schreiners offenbaren ja nicht ein furchteinflößend potentes, sondern ein dramatisch eingeschränktes Verhaltensrepertoire, ein geringes Frustrationsvermögen und eine Menge insgeheimen Selbsthass. Vor dem Hintergrund labiler und rigider Ich-Strukturen verbirgt sich oft ein infantiles, sehr bedürftig gebliebenes Gefühlsleben. Männer, die bei der Suche nach einer positiven männlichen Identität gescheitert sind, kompensieren Bedürftigkeit mit Gehabe, Defizite mit geliehener, scheinbarer Stärke. Die Dramatik ihrer Lage lässt sich in einem kurzen Satz so ausdrücken: Sie sind emotional verwaist.

Täterarbeit würde darauf hinarbeiten, dass Männer beides haben und sich auch erlauben dürfen – Stärken wie Schwächen.

Täterarbeit würde hinter die zeitweilig verblüffend perfekt gestaltete Fassade solcher Bedürftiger sehen, handelt es sich doch um äußerlich unauffällige, angepasste, bemüht «normal» sich Gebende. Täterarbeit würde Männern mit Gewalttendenz oder offenen Gewaltproblemen mit Ernsthaftigkeit gegenübertreten – nicht mit einem stumpfen Abstrafimpuls dann, wenn es zu spät ist. Täterarbeit aber ist ungeliebte Arbeit, sie hat keinerlei Lobby. Männer sind Täter. Männer sind unbeliebt. Männer sind ungeliebt.

Zukunft ist möglich.
Aber anders.

Er ging stets pünktlich. Zehn Minuten vor acht war er spätestens aus dem Hause. Und er blieb weg, mit einer für mich höchst seltsam anmutenden, halbstündigen Pause spätnachmittags, bis null Uhr. Manchmal, so hörte ich, wurde es auch «ein bisschen später». Mitunter bekam ich das mit, meistens nicht. Denn um acht Uhr abends war ich im Bett. Wann er tatsächlich des Nachts heimkehrte und wie er da aussah, das entzog sich viele Jahre lang meiner Kenntnis, es entzog sich meiner sinnlichen Wahrnehmung. Morgens wurde er für mich wieder sichtbar. Da saß er am Frühstückstisch, aufgeräumt, konzentriert, freundlich, staunenswert wach. Kurz darauf war er wieder weg.

Mein Vater war ein höchst pflichtbewusster Mann. Ein Freiberufler. Und Freiberufler zählen bekanntlich zu den allerbesten Selbstausbeutern, die es geben kann. Der niedergelassene Internist entschwand in seine Praxis und drohte es tatsächlich – so mein Eindruck als Grundschulkind – nicht mehr nach Hause zu schaffen. Immer noch ein Termin, immer noch ein Anruf, immer noch ein Patient, immer noch was zu regeln, zu tun, zu erledigen. Dass er zwölf Stunden unterwegs sein musste, weg, bei der Arbeit, wo immer, das wäre schwer einzusehen gewesen – aber immerhin noch zu leisten. Dass es aber sechzehn oder achtzehn Stunden sein mussten? Ich ertappte mich als Neunjährigen dabei, wie ich beim Einschlafen nach-rechnete. Ich zählte durch, wie viele Stunden meinem Vater noch blieben zum Schlafen und zum Essen. Nicht viele. Und dann gab es da noch sonntägliche Bereitschaftsdienste und alle Vierteljahre eine wochenendfressende, turbulente Abrech-nungszeremonie, die die Nerven meines Vaters vollends in Be-schlag nahm. Zahlen, Zahlen, Zahlen, Akten, Akten, Akten, Be-lege, Belege, Belege. Scheußlich. Ich griff mir an den Kopf. Das soll Erwachsensein sein? Das soll Berufstätigkeit sein? Das soll Spaß machen, womöglich, weil hier auch noch Berufung zum Beruf geworden ist? Vor allem aber: So was soll auf mich zu-kommen?

Jeder in der Familie beklagte sich über ihn. Insgeheim, offen, halb-halb. Und, prima vista, vollkommen zu Recht. Ist nie da, kriegt nichts mit, kümmert sich um nichts, vernachlässigt alle, steht für Familiäres nicht zur Verfügung, steht für Gesellschaft-liches nicht zur Verfügung, interessiert sich nicht richtig für uns, geht drüber weg, registriert die Defizite nicht, denkt wohl, alles renkt sich automatisch ein, lädt anderen alle Konflikte auf, alle Entscheidungen. Und ich? Zwar klein und jung, später ziemlich groß, aber immer noch jung, hieb ich lange Zeit eben-falls in diese Kerbe. Heute staune ich über meine mitleidslose Einseitigkeit, die sich über eineinhalb Jahrzehnte quasi vaterlo-ser Kindheit hin aufgebaut hatte. Denn obwohl alle den Un-sichtbaren, den Abwesenden kritisierten, gingen sie doch alle miteinander davon aus, dass dieser Mensch wie eine Maschine weiterarbeiten würde. Ja, die Familie sorgte sich natürlich um ihre Funktionstüchtigkeit, sah Gefahren, finge sie an, etwa zu stottern oder gar vorübergehend auszusetzen. Denn alles, fünf-köpfige Familie, Praxis, Haus, Garten, Autos, Ausbildung für die Kinder, Urlaub und so weiter hing an ihr, an dieser Maschine, einzig und allein.

Heute sehe ich vielmehr diese Lebensleistung und das wahre Nichts, was ihr finanziell und materiell zugrunde lag: ein Aufbau aus einem wirtschaftlichen Totalverlust heraus, dazu ein Aufbau nach Arbeitsdienst, Weltkrieg und Kriegsgefangenschaft. Nur mit unerbittlichem Fleiß und Disziplin ermöglichte ein Einzelner das – später – kommode Leben von vier anderen Menschen, und das über Jahrzehnte. Heute ziehe ich den Hut, ohne meine biographisch bitteren Vaterdefizite darüber zu vergessen. Ich spüre sie schmerzlich, aber ich kann sie heute besser einordnen, zuordnen, von der anderen Seite her nachfühlen.

Aber ich zählte nicht nur die Stunden, die meinem Vater zum Schlafen blieben. Nachdem ich für mich entschieden hatte, so ganz alleine unter der Bettdecke, dass ich wie mein Vater *nie* schuften will, dass ich niemals so viel weg sein will von zu Hause und alles gaaaanz anders hinkriegen werde, als das beschlossene Sache war, sah ich meiner Mutter mit ganz wachen Augen zu. Einerseits war sie ohne ihren Mann. Das war tagtäglich zu sehen, von morgens bis abends. Einerseits musste sie viel entscheiden ohne Diskussion oder Absprache mit dem Partner. Einerseits hatte sie enorm viel im Auge zu behalten, an viel zu denken, viel zu organisieren. Andererseits – sie musste nicht lange diskutieren, wenn sie entschied. Andererseits – sie war bei der Arbeit immer zu Hause (und zu Hause war ich auch immer furchtbar gerne). Andererseits konnte sie ihren – damals nannte ich es anders – «Stress» nach eigenem Gusto einteilen, kollektive Standards wie das Mittagessen nach der Schule ausgenommen. Andererseits konnte sie sich vieles so einrichten, wie sie selbst es gerne hatte. Auch so eine Sache wie die mit dem Mittagsschläfchen war schön. Mir gefiel das. Ich war innerlich klar auf ihrer Seite. Ich konnte mir vorstellen, zu entscheiden, zu organisieren, zu arbeiten und zu leben wie meine Mutter. Ich wollte in kein Büro, keine Praxis, keine Fabrik. Ich wollte keine Vorgesetzten, keine Hierarchien. Ich wollte nicht breit begründen, warum ich es so und nicht so machen wollte. Ich wollte zu Hause bleiben. Ich wollte nicht unter Beobachtung stehen. Ich fand Wäschewaschen nicht schlimm (besonders das Aufhängen auf der langen Leine im Garten), ich fand Staubwischen nicht schlimm (man konnte dabei hervorragend Langspielplatten auf dem alten Plattenspieler laufen lassen), ich fand Einkaufen nicht schlimm. Und so weiter.

Eines Tages, als mein Bewusstsein sein nächstes Reflexionsniveau erklomm, fand ich nur schlimm, dass das alles für mich ja nicht Wahrheit werden konnte, dass das alles für mich ganz und gar anders enden würde, als es sich in meinem Haus der Wünsche und Vorstellungen darstellte. Nicht wahr werden würde es, unabhängig davon, wie sehr ich mich anstrengte. Es war eine fast körperlich lähmende Erkenntnis. In etwa so leben und arbeiten wie meine Mutter, nein, das würde nie gehen. Das würde nie erlaubt werden. Das würde ja verlacht werden. Weil – ich würde ja ein Mann werden. Und deshalb würden sie dann als Erstes irgendwann hergehen und mich, ohne meine Zustimmung, in eine Uniform stecken. Die Bilder vom Vater als Soldat standen mir dicht vor den Augen. Seine wenigen, dafür drastisch-dramatischen Berichte darüber klingelten in meinen Ohren. Und ich würde nicht erlaubt bekommen zu sagen: Halthalthalt! Ich will doch alles ganz anders haben! Mist!

Wie würden Sie die Probleme eines solchen jungen Menschen, unverschuldet männlichen Geschlechts, definieren? Würden Sie das Gefühl von Ausgesetztheit in einer vorstrukturierten Welt «Rollenschicksal» nennen? Würden Sie sich das trauen? Würden Sie die massiv auf den sich formenden Charakter einwirkenden Kräfte «Sozialisationsterror» nennen wollen? Würden Sie von einem «lähmenden Gefühl der Machtlosigkeit» sprechen wollen? Nähmen Sie die Worte vom «fremdbestimmenden Druck alter Traditionen und Hierarchien» in den Mund? Sprächen Sie – unter anderem – von «Benachteiligung qua Geschlecht» oder gar von einem «Ausdruck der Ungerechtigkeit gegenüber männlichen Kindern und Jugendlichen»? Würden Sie sagen, hier handele es sich um einen «typischen Fall gesellschaftlich normierter und kulturell institutionalisierter Unterdrückung»?

Höchstwahrscheinlich nein. Oder sagen wir gleich: nein. Nein, Sie würden, im gut konditionierten Reflex, davon sprechen, dass aus diesem Jüngling über die Jahre hinweg, allen Irritationen und Zweifeln zum Trotze, durchaus noch ein ganz annehmbares Mannsbild werden könnte. Sie würden davon sprechen, dass er es schon wird einsehen lernen, wo und wie sein Platz in der Welt zu suchen ist. Vielleicht würden Sie sogar denken – natürlich werden Sie es nicht sagen –, dass dem jugendlichen Typen ordentlich die Flausen ausgetrieben werden müssten oder dass er es fürderhin noch riesig zu schätzen wissen wird, was er für ein Glück hatte, zum Mann geboren zu werden.

Genau in diesen Denk- und Interpretationsschemata vollzieht sich das Tragische der männlichen Rolle im «patriarchalen» Geschlechterverhältnis: Die Bedürfnisse der männlichen

Menschen werden individuell nicht wahrgenommen, das Oppressive der von beiden Geschlechtern prolongierten Männlichkeitsphilosophie ist in der gesellschaftlichen Debatte der letzten dreißig Jahre quasi nicht vorhanden. Das Problem der Männer im Geschlechterverhältnis der allermeisten Gesellschaften auf der Welt ist, dass ihnen längst weniger Möglichkeiten zur Einrichtung ihres Lebens zur Verfügung stehen als den Frauen – zumindest als den Frauen in der Ersten Welt, also in den hochentwickelten Industriestaaten Europas und Amerikas. Während den Frauen zunehmend Weiterungen und Ergänzungen der Lebensoptionen eingeräumt und ermöglicht wurden, wurde für die Seite der Männer der Grundsatz verfolgt, der mit dem fatalen «Ein Mann ist ein Mann ist ein Mann» klar beschrieben ist. Während die Frau von juristisch-gesetzlichen wie normativ-gesellschaftlichen Fesselungen ihrer Seinsbestimmung und Selbstbestimmung Stück für Stück befreit wurde – und befreit wird, steht der Mann verschnürt da wie eh und je.

Ein Mann ist ein Mann ist ein Mann. Wenn es darauf ankäme, zumindest eine gewisse Zeit lang in die undankbare Position eines Familien- oder Kollektivernährers zu kommen, steht die moderne Frau nicht zur Verfügung. Auch nicht die «modernste». Solche Aufgaben übernehmen Männer. Wenn es darum geht, Friedenseinsätze für Krisengebiete militärisch auszuführen, sprechen alle Beteiligten davon, «junge Männer» dorthin schicken zu müssen. Wenn es darum geht, gesundheitsgefährdende, riskante, unattraktive, schmutzige, kraftraubende, schnell körperverschleißende Berufe zu erlernen oder auszuüben, stehen in der Schlange – wie vom Automaten arrangiert – Männer. Das liest sich sehr abstrakt. Also zitieren wir

noch einmal kurz und klar ein Individuum, mal keinen Fließ-
bandarbeiter aus der Metallindustrie, sondern einen Fischer.
Zum Beispiel Matteo Costante aus dem italienischen Peschichi:
«Das Meer frisst den Menschen. Seit ich elf war, sitze ich im
Fischerboot, immer in den Wellen, immer klitschnass. Irgendwann kriegst du die Quittung: Rückenprobleme, Rheuma, höl-
lische Kopfschmerzen. Die Fischerei wird mit meiner Generation aussterben, das Geschäft ist zu hart.» Matteo ist 38 Jahre
alt [139]. So weit ein kleiner, wenn auch pittoresk anmutender Teil,
der für das Ganze steht. Dass solche Menschenverwendung
innerhalb körperverschleißender Berufe nicht Ausdruck von
Macht, sondern von Machtlosigkeit und Nichtgleichbehand-
lung ist, muss die Gesellschaft der zeitgenössischen Moderne
erkennen lernen – oder sie wird im Grundsätzlichen des Geschlechterverhältnisses keinen Schritt weiter kommen und nur
dermatologische Notoperationen an einem sterbenden Riesen
vollziehen.

Die Gesellschaften Amerikas und Europas haben sich nun dreißig Jahre lang zuerst im Schnecken-, zuletzt im Antilopen-
tempo bemüht, Defizite in der weiblichen Biographie, soweit
sie aus der gesellschaftlich definierten Rolle der Frau herrüh-
ren, zu reduzieren, zu kompensieren. Pflichtschuldigst folgte
einer weiblichen Defizitmeldung eine politische, juristische
oder lebensweltliche Korrektur, die sowohl von oben – Politik
und Justiz – wie von unten – dem durch die Frauenbewegung
auf Trab gebrachten Gemeinwesen – installiert und umgesetzt
wurden. Während dieser Zeit blieb die Männerrolle unverändert. Wer anderes sagt, verschleiert oder lügt. Der Sozialisati-
onsdruck auf Männer ist unverändert, die tief wurzelnden
Rollenerwartungen sind im Wesentlichen unkorrigiert, die

männermachende Mentalitätsprägung folgt weiter schrägem Stammtischgeschwätz («Gelobt sei, was hart macht ...»), und die Lebenswirklichkeit eines durchschnittlichen Mannes – tja, die ist der eines durchschnittlichen Mannes im gleichen Alter vor vierzig Jahren zum Verwechseln ähnlich.

Deutliche Einbußen lassen sich dagegen in der Achtung des Mannes ausmachen. Während eine durchschnittliche Frau an verbrieften Rechten enorm gewonnen hat, ebenso an individuellen Freiheiten, individueller Lebensabsicherung, an Bildungszugängen, an Entscheidungsmöglichkeiten zur Gestaltung der eigenen Biographie, an atmosphärisch-allgemeiner Wertschätzung und Würde, an beruflicher und ökonomischer Selbständigkeit und damit einer fundamental veränderten Selbstorganisation, ist die Situation des Mannes substantiell wie vor vierzig Jahren. Nur: Mit den altpatriarchalen Vorrechten hat der Mann gleichzeitig auch alle Wertschätzung eingebüßt, ist er gebrandmarkt als Ursache jedweden Übels an sich. Zudem ist er einer seiner – wie feministisch behauptet – größten Machtwerkzeuge beraubt worden: der Sprache.

Seinem eigenen Vater entzogen wegen beruflicher Absenz, machen viele Männer als Väter so weiter wie ihre Väter und reproduzieren so unter ansonsten stark liberalisierten gesellschaftlichen Grundbedingungen scheinbar unabänderliches «männliches Schicksal». Auch dies ist ein Indikator für Machtlosigkeit. Die Nichtthematisierung dieser Machtlosigkeit ist der Indikator für Sprachlosigkeit. Nach fast drei Jahrzehnten gesamtgesellschaftlich geduldeter Männerbeschimpfung müssen diese männlichen Menschen, die da in der inneren Emigration weiterwursteln, endlich wieder zu einer Sprache finden. Gefragt ist die radikal offene und allseits gut hörbare Sprache der

Selbstreflexion und Rollenanalyse, nicht die kalte Funktionssprache von Funktionseliten und nicht das biestige Grummeln der Selbstverteidigung am Biertisch in der Lieblingskneipe. Die zu erwerbende Sprache darf keine sein, die der Wiederherstellung alter Scheindominanzen dient – diesen zahlten Männer wie geschildert soundso höheren Tribut, als sie selbst und die bewegte Frau wahrnehmen möchten. Nein, die zu leistende Sprachfindung muss dem Erreichen eines neuen, tatsächlich «gleichen», also von Tabuzonen freien, gleichermaßen Chancen und Pflichten ausbalancierenden Miteinanders der Geschlechter dienlich sein. Die Sprachfindung der Männer muss sie selbst wie die Frauen dazu führen – idealerweise: verführen –, ans gemeinsame Ganze mit einer fundamental neuen Sicht der Realitäten heranzugehen. Das Niveau der Aktion beider Geschlechter wie das der Interaktion zwischen den Geschlechtern ist dringlich auf eine neue Ebene zu heben, wenn «männliche» Rollenschemata erfolgreich zur Disposition gestellt werden sollen.

Stünden einzelne männerfeindliche Kodizes, stünde gar gänzlich die «Befreiung» des Mannes im Zentrum einer großen Reformanstrengung, wäre es schlagartig aus mit der Frauenbewegung in ihrer alten argumentativen Festlegung, in ihrer alten politischen Stoßrichtung. Sie müsste sich – unter anderem – damit herumschlagen, dass die «Befreiung» des Mannes in vielen Fällen von der Frau als belastend, verantwortungserweiternd, als unangenehm erfahren würde – weshalb die gute alte Tante Frauenbewegung ja diese Friktionen auf ihrer ureigenen Gewinn-und-Verlust-Rechnung in Sachen Rollenreform nie vermerkt hat. Denn diese war immer eine mit ganz selbstverständlich einseitig kalkulierten Gewinnen – für die Frau.

Das Ausrichten des gesellschaftlichen Entwicklungskurses auf das erwähnte «neue Niveau» des Geschlechterverhältnisses setzt voraus, den Mann als defizitär in Bezug auf die ihm gewährten Chancen- und Entwicklungsmöglichkeiten zu sehen. Diese Wahrnehmung ist jedoch den allermeisten Modellen zur Errettung der Welt vor dem Manne vollkommen fremd. Also wird die geschlechtsspezifisch so ungerechte Welt (alle Frauen fühlen sich an dieser Stelle persönlichst angesprochen) weiter auf der Basis mangelhafter und falscher Problemlösungsstrategien verschlimmbessert. Einige populäre unter ihnen gilt es gnadenlos, weil nicht zukunftsfähig, auszusortieren.

1. Eine der falschen Lösungen ist die unter Feministinnen wie Altpatriarchalen gleichermaßen (wenn auch aus divergierenden Motiven heraus) beliebte «Trennung der Welten» in eine männliche und eine weibliche. Buchreihen, Seminare, Kolloquien, moderne Philosophieversuche haben sich der «Welt der Frau» gewidmet und untersucht, ob es sich bei jener um die so gesuchte bessere Welt handeln könnte. Unter den Prämissen, die in dieser Schrift Stück für Stück als Selbstbetrug enttarnt wurden, fand sich die gesuchte bessere Welt auch meist bei den Frauen. Segregation wurde zum Wegweiser ins ersehnte Glück. Es begann – aufbauend auf den schon installierten geschlechtlichen Trennungen – mit Frauenzeitung, mit Frauenkino, Frauenmusik, Frauenliteratur, Frauenkabarett und reicht heute bis hin zum Frauentaxi, zum Frauenparkplatz und zur Frauenuniversität. Diese Fixierung auf das Geschlecht als primärer Ordnungsfaktor reicht längst über die Notwendigkeit hinaus, sich inmitten des Kreises Gleichgesinnter und Gleichgeschlechtlicher auf Identitätssuche zu begeben. Dem Ideal der Geschlechtsho-

mogenität zu frönen entspringt der Verwechslung des Mittel als Zweck.

In jüngster Zeit wird dies auch wieder auf dem alten Schlachtfeld von Kindererziehung und Schule deutlich. Die aus deutschem Frauenmund vielfach geforderte Aufkündigung der Koedukation in den Schulen ist dabei aus gleich zwei Gründen höchst bedenklich. Erstens wird eine zentrale Errungenschaft aus der Bildungspolitik leichtfertig pauschal infrage gestellt; zweitens läuft das Argument, die Mädchen würden ja beim gemeinsamen Unterricht mit den Jungen zu kurz kommen, exakt besehen ins Leere. Das Resultat des Schulalltags sieht so aus: Jungs stellen die Mehrheit in den Sonderschulen, sie stellen die Mehrheit bei den so genannten Durchfallern, sie zählen deutlich weniger Köpfe im Gymnasium und erarbeiten die schlechteren Abiturabschlüsse. Dennoch gelten Mädchen als Koedukationsopfer, weil sie singulär im naturwissenschaftlichen Fächerkanon schlechter abschneiden. Im Grunde hätten Männergruppen Anlass, das Ende der Koedukation zu fordern, weil Jungs offensichtlich dabei den Kürzeren ziehen. Zum Glück tun Männergruppen dies nicht. Denn die «Trennung der Welten» suggeriert Verschiedenartigkeit und Unvereinbarkeit qua Gonosom. Als pädagogische Strategie oder politisches Wunschdenken fußt sie auf biologistischen Definitionen, weit entfernt vom Denken in gesellschaftlichen Zusammenhängen auf dem Boden demokratisch-aufklärerischer Verfasstheit.

2. Beliebt ist auch das Denkmodell des «Umdrehens» von Herrschaft, Macht, Sprachapparat. Davon abgesehen, dass man das «Patriarchat» nicht umdrehen *kann*, weil es nur als

potente Vorstellung von der Welt existiert, steht das Aus-
wechseln mangelhafter Organisationsprinzipien durch anders mangelhafte Organisationsprinzipien nicht für Weis-
heit reinsten Wassers. Retrospektiven Wunschbildern zum
Trotze waren auch matriarchale Reiche eo ipso kein Ort des
Glücks für alle. Sowohl die wenigen gesicherten historischen
Kenntnisse über matriarchale Reiche noch die Erkenntnis
von Wesen und Unwesen des Menschen an sich sorgen für
ein warmes, ruhiges Gefühl in der Magengrube, wenn wir an
ein «Umdrehen» von Macht- und Abhängigkeitsverhältnis-
sen denken.

Einen Ableger dieses Denkens konturiert die sprachwissen-
schaftliche und sprachtaktische Ebene des Feminismus.
Wenn Frauen nicht mehr Mitglied werden dürfen beim Ver-
ein («mit Glied» ist eine Attacke des Patriarchats!), wenn die
Schreibweise «Fraudarine» statt «Mandarine» zur Debatte
steht oder von der «Sportskanonin» [140] berichtet wird (auch
wenn «Kanone» bereits weiblich ist), wenn «männliche»
und «weibliche» Hauptwörter und ihre Artikel gegeneinan-
der auf- und hochgerechnet werden, dann befinden wir uns
auf einem der unverdrossen beackerten Nebenkriegsschau-
plätze der Geschlechterdebatte. Das «Umdrehen» des Beste-
henden wird auch hier zur Manie, zur fixen Idee.
Eutin, eine Stadt in Schleswig-Holstein, hat deshalb seit dem
1. April 1998, kein Witz, eine Frau Bürgermeisterin Gernot
Grimm. Konsequenterweise gibt es auch eine Bürgervorste-
herin Hans Schirrmacher. Damit wird im Bereich der Be-
rufsbezeichnungen etwas gedreht, was gar nicht mehr zu
drehen ist, weil es nicht mehr existiert: Die Amtfrau wie die
Bürgermeisterin oder die Bundestagspräsidentin sind längst

Realität. Ausgesprochen modern wirkt Eutin, wenn die Gemeindefeuerwehrinnen antreten. Die sind allesamt männlichen Geschlechtes, weil auch in Eutin alle Berufe, die über die Gefährdung von Leib und Seele Einzelner der kollektiven Sicherheit dienen, von Frauen nicht nachgefragt werden. Eutin schickte auch Soldatinnen in die Schlacht, hätte es welche zu stellen. Gestorben würde zwar weiter von Männern, aber das Wort wäre wenigstens weiblich! Fortschritt pur.

Kurz: Sprache, die verschleiert und nicht abbildet, kann nicht Ziel so genannter «Sprachmodernisierung» sein.

3. Eine falsche Lösung ist auch das Hoffen auf die «Feminisierung der Gesellschaft». Jedes Hoffen macht passiv, ja: Hoffnung *ist* Passivität, auf die Rettung durch ein Äußeres fixiert. Statt mit Nachdruck und Tiefe sich selbst und die anderen positiv zu beeinflussen oder Machtstrukturen zur Durchsetzung unbedingter Humanität anzustreben, schaut mann wie frau sehnsüchtig zum mütterlich-friedfertigen Weibe. Das Hoffen auf die «Feminisierung» der Gesellschaft, die letztendlich alles schön, gerecht und seelenwarm macht, entspringt einer leider grundlos glorifizierenden Heilserwartung an das Weibliche an sich. Wer «Frau» gleichsetzt mit Humanität, Edelmut, Gerechtigkeit, Sozialität und «Mann» mit Gewalt, Hinterlist und Bombe, der hat es zwar leicht mit einer Konklusion, aber keine Chance, sie fundiert abzuleiten. Denn staunenswerterweise waren die Getrennten immer zusammen – auf dem gleichen Globus, dem gleichen Kontinent, im gleichen Land, ja in der gleichen Familie, nicht selten im gleichen Bett. Wenn auch kritische Autoren wie Klaus Theweleit nun darüber reflektieren, ob denn die Frau nicht «marienhaft» [141] die Welt erlösen könnte, so steht

dies für ein Bedürfnis nach äußerer Problemlösung, es steht nicht für Konsequenz bei der Ist-Stands-Analyse. Da kritisieren Männer Männer und wenden sich Hilfe suchend an die Frau, an das diffus «Weibliche», womöglich das «Ewigweibliche» – und vergessen, dass ebendiese Frau seit Tausenden von Jahren ebenso sehr Teil der Lösung des Problems wie Teil des Problems ist. Männliche Selbstbezichtigung gilt manchen Männern inzwischen als allerletzte Möglichkeit einer sinnhaften Wortmeldung vor dem finalen Schweigen. Die Welt ist schlimm, die Welt ist schlecht, Gott hat sie verlassen, also muss eine Frau her.

«Männer sind Schweine» dödeln die männlichen Kehlen der Formation «Die Ärzte» dazu, und entnervte Großschriftsteller wie der Kolumbianer Gabriel García Márquez leihen der verbreiteten Verzweiflungsneigung ihr Wort mit Sätzen wie: «Die Männer taugen nicht zum Regieren, die Frauen sind die Lösung.»[142] Das ist nicht weit weg vom Stoßseufzer eines Georg Gottfried Gervinus aus den familienideologischen Tiefen des 19. Jahrhunderts: «Ohne Weib wäre für jede feinfühlende Seele das heutige Leben nicht zu ertragen», seufzt Gervinus, «weil das Weib heute, wie einst der griechische Bürger, den gemeinen Berührungen des Lebens entzogen, weil es den Einwirkungen des Rangsinnes, den Verderbnissen durch niedrige Beschäftigung, der Unruhe und Gewissenlosigkeit der Erwerbssucht nicht ausgesetzt ist.»[143] Aber wer muss denn nun die «gemeinen Berührungen des Lebens» ertragen, wer ist den «Verderbnissen durch niedrige Beschäftigung ausgesetzt»? Ist das vorbestimmt? Ist das gut so? Muss das so bleiben? Heißt «Feminisierung» der Gesellschaft dann – mal an die Folgen gedacht – auch die Aufgabe des Ideologems von der Frau als sentimental verkitscht gereichter Heilsbringerin? Und: Was wäre die Frau dann, wenn sie «Heil» gebracht hätte? Etwa ebenfalls den «Verderbnissen niedriger Beschäftigung» und den «Einwirkungen des Rangsinnes» preisgegeben? Oder gibt es solche nach der «Feminisierung» nicht mehr? Ist dann alles gut?

4. Und nun noch eine halbe falsche Lösung: die Quote. Viele Gleichstellungsinitiativen und Gleichstellungsregularien arbeiten mit dem Prinzip Quote. So lange, bis nicht eine gewisse Zahl an Frauen auf einem gleichen Beschäftigungsniveau ist wie Männer – Beispiel: die Abteilungsleiter in einer Großbehörde –, so lange werden Frauen bevorzugt in diese Niveaus hinein befördert oder für diese Funktionen neu eingestellt. Die Quote erntete über viele Jahre hinweg immer mehr Sympathien, auch bürgerlich-konservative Kreise signalisieren inzwischen Zustimmung. Die Quote taucht in Parteiprogrammen auf, in Förderrichtlinien, in den Stellenpools der öffentlichen Verwaltungen. Die Quote hat jedoch entscheidende Nachteile: Erstens ist sie eben doch eine quantitative Förderung und nicht eine qualitative. Parteigliederungen der Sozialdemokraten beispielsweise (Quote: 40 Prozent Frauenanteil als Muss für interne Gremien) greifen zur Not bei Vorstandswahlen auf alle anwesenden Frauen in einer Versammlung zurück – um die Quote zu schaffen. Rekordverdächtige weibliche Schnellkarrieren sind die Folge. Zweitens ist die Quote in ihrer bis dato praktizierten Form und Auslegung eine Rosinen-Quote: Da, wo es – scheinbar oder wirklich – etwas mit der Quote zu gewinnen gibt, soll sie gelten, da, wo es nichts zu gewinnen gibt und es nicht um Rosinen, sondern um weniger appetitliche Dinge geht, redet keiner und keine von ihr. Nicht umsonst wurde

und wird für jeden gut dotierten Aufsichtsrats- oder Regierungsposten schon mal die Frauenquote gefordert, nicht ein einziges Mal dagegen eine solche für die Stellenbesetzung im staubigen Bereich etwa des deutschen Fernstraßenbaus. Auch für alle in Kapitel 4 benannten Berufe fordert niemand die Quote. Sie ist allein für attraktive oder attraktiv erscheinende berufliche Ebenen vorgesehen. Was Wunder, dass das «Netzwerk: Frauen wollen eine andere Politik» gleich auf Position eins seiner selbst verpflichtenden Grundsätze[144] fordert: «Ich setze mich für gleichberechtigte Teilhabe an allen *Entscheidungs*positionen ein. Auf dem Weg dorthin sind positive Maßnahmen für Frauen einschließlich Quotierung unverzichtbar.» Dazu sei wiederholt: Die feministische Orientierung am beruflich erfolgreichen, über Macht, Geld und Status verfügenden Mann ist der falsche Maßstab für das Gleichstellungsdenken. Regierungsdirektoren, Firmenchefs oder Universitätsdekane repräsentieren nicht *den* Mann an sich. Eine Rosinenpicker-Gleichstellung bedeutet eine nicht hinnehmbar einseitige Bevorteilung.

Beate Weber, Oberbürgermeisterin der Stadt Heidelberg, definierte die Daseinsberechtigung der Quote so: «Gleichberechtigung haben wir erst, wenn auch ganz durchschnittliche Frauen an höchste Ämter kommen.» Bis dem so sei, müsse die Quote helfen. Diese Definition ist deswegen unverschämt, weil sie davon ausgeht, dass augenblicklich alle Frauen, die höchste Ämter ausfüllen oder repräsentieren, weit überdurchschnittliche Qualitäten offenbaren. Jeder und jede hat die Gelegenheit, zu überprüfen, ob dies zutrifft: Sei es die Magistratsdirektorin, sei es die Amtsleiterin, die Parlamentschefin, die Kunstvereins-Vorsitzende, die Vorstandsvorsitzende, die Chefredakteurin – sind diese Frauen «oben», weil sie überdurchschnittlich fachlich und menschlich begabt sind oder weil sie, genau wie ihre männlichen Pendants, so genannte Workaholics sind, gute Beziehungen und Durchsetzungsfähigkeit aufgebaut haben und durch einen unbedingten Macht- und Geltungsdrang ausgezeichnet sind? Beate Weber ist außerdem leicht gegenzubeweisen: Längst ohne Quote haben, pardon, ganz durchschnittliche Frauen, etwa im Bundeskabinett in sechzehn Jahren Kanzler Helmut Kohl, höchste Posten besetzt. Diese als Exponenten genialer Regierungskunst, Fachkompetenz und persönlich-charismatischer Strahlkraft zu sehen, das verbietet sich.

Wesentlich geeignetere Modelle zur Auflösung des multidefizitären Geschlechterverhältnisses sind die drei im Folgenden benannten Leitsätze. Sie sind nicht einseitig kompensativ ausgelegt, sie sind geschlechterübergreifend grundsätzlich zu verstehen. Sie versprechen keine kurzfristige Verbesserung, ermöglichen aber eine mittel- bis langfristig eintretende Problemschmelze. Sie kommen eher unauffällig daher, erwirkten aber dennoch fundamentale Umwälzung:

1. Für Frauen wie Männer muss gelten: Schlagt die Klischees geschlechtsspezifischer Provenienz, wo ihr sie trefft.

Die Frauenbewegung geißelte nur dort Klischees, wo sie der eigenen Entgrenzung im Wege schienen. Klischees, die schmeichelten, wurden nicht selten zu hoch befestigten Forts in männlichem Feindesland ausgebaut. Trutzburgen entstanden, denen man gar verzieh, dass ihre Fundamente von Männern gelegt wurden.

Manche Schrift zur Geschlechterproblematik und zur Geschichte des Verhältnisses von Mann und Frau schildert die

Kontrahenten, als kämpften da Säugetier gegen Fisch, Katz gegen Maus oder Pflanze gegen Pflanzenfresser. Die Überbetonung notwendiger Trennlinien zu Trenngräben, ja zu unüberwindlichen Klüften zwischen den Geschlechtern hat der Feminismus neu heraufbeschworen. Und er hat von dem Ergebnis einigermaßen profitiert. Aber: Die beste Zeit für dieses Konzept ist vorbei. Der «kleine» Unterschied ist tatsächlich winzig klein, zudem vielleicht der einzige. Was das Problem subjektiv nicht kleiner machen mag, aber objektiv so ist. Aus dem Gerede der Unvereinbarkeit von weiblichen und männlichen Lebenswelten, Gesinnungen, Vorlieben, Handlungen, Denkweisen, Strategien, Philosophien und so fort kochen unverbesserliche Aktivistinnen und Aktivisten ihr aggressiv schmeckendes Süppchen. Nehmen wir das Gesamtquantum an Übereinstimmungen zwischen Frau und Mann – physiologisch, neurologisch, orthopädisch, von der kleinsten Körperzelle aufwärts quer durch Geist und Körper –, so kommen wir, oh Schreck, vielleicht auf einen Wert von 97 Prozent Übereinstimmung. Jene drei Prozent faktische Unterschiede sind Ausdruck der geschlechtlichen Polarität, und ausgedrückt wird damit unser jeweiliges körperliches Frau- oder Mannsein. Die drei Prozent kommen körperlich, wie bekannt, keineswegs undeutlich zum Ausdruck, aber ob sie das Denken über die 97 Prozent Gemeinsamkeit eintrüben sollten?

Von Wesen und Bewusstsein her, von Körperlichkeit und Verhalten her gibt es von Frau zu Frau wie von Mann zu Mann viel größere Variationsbreiten, als sie in der Regel etwa zwischen Lebenspartnern bestehen. Dass auf diese Basiseinsichten hingewiesen werden muss, zeigt der Stand des Konfliktes und die Dynamik des Zeitgeistes der siebziger Jahre:

Unterschiede und Unterscheidung erlebten ihre große Konjunktur und verbannten das Sehen, Spüren und Werten des Verbindenden fast in die Sphäre des Tabus. Die Unkultur bedingungslos eingeforderter Solidarität mit dem eigenen Geschlecht macht ganzheitliches Menschsein aber unmöglich.

2. **Trennt euch, Frauen wie Männer, von lieb gewordenen Verkrustungen im Empfinden, Denken und Handeln! Damit beide Seiten etwas gewinnen, dürfen es aber nicht nur die als störend empfundenen sein!**

Meine Tochter kam neulich aus der Schule, schüttelte entnervt den kleinen Kopf. «Warum kreischen eigentlich die Mädchen so verrückt, wenn Jungs vor dem Turnunterricht in die Umkleidekabine reinkommen?» Gut gefragt. Das gekünstelte Kreischen der achtjährigen Mädchen (Fuchs-im-Hühnerstall-Syndrom) ist nur ein winzig kleines Beispiel für die Unmenge seltsam anmutender, tradierter Selbstläufer im global ausgelegten Netz geschlechtsspezifischer Handlungsanweisungen. Dieses Netz gab und gibt durchaus Sicherheit, vermittelt ein Gefühl der Zugehörigkeit, sorgt für situative Berechenbarkeit. Aber es ist wie mit dem Politiker der einstigen Sowjetunion. Dem gab auch erst das Mitgliedsbuch der KPdSU das rechte Heimatgefühl. Ohne das Buch aber ist er immer noch der gleiche Mensch. Und: Ohne das Buch und das dazugehörige politische System fühlt er sich zwar verunsichert und desorientiert, vielleicht hat er aber damit die Chance, viel freier, viel verantwortlicher zu leben viel näher bei sich zu sein.

Das Sichtrennen von knebelnden geschlechtsspezifischen Standards hat für Frauen und Männer die selten beachteten Nebenaspekte, dass auch selbstverständlich hingenommene, lieb gewordene, gar nicht mehr recht wahrgenommene Refugien und Zuordnungen ins Wanken geraten. So steht das matriarchal nach außen vermittelte, «weibliche» Kompetenzfeld der sozialen Mutterschaft ebenso zur Disposition wie das «patriarchal» vermittelte Kompetenzfeld scheinbar «männlichen» Ingenieurswesens. Ingenieurleistungen sind nur gut oder schlecht, aber nicht männlich; Kinderbetreuung und aktive Elternschaft sind nur gut oder schlecht, aber nicht weiblich.

Wenn ein allein lebender, Berufspraxis ebenso wie Haushalt erledigender Mann sein neues Biber-Spannbetttuch auspackt, dann liest er heute immer noch unter «Wichtiger Gebrauchshinweis!» Folgendes: «Liebe Hausfrau, vor Gebrauch müssen sie dieses Spannbetttuch unbedingt waschen!»[145]. Solange der Mann dies nicht als diskriminierend empfindet, sind wir keinen Schritt weiter. Solange die Hausfrau sich gerne auf diese marketingtaktische Weise umschmeichelt fühlt, auch nicht.

Gesamtkulturelle wie familiäre Sozialisation werden noch geraume Zeit weiter unter dem Primat geschlechtsspezifischen Aussonderns und Sortierens vonstatten gehen. Die Zukunft sowohl der heterosexuellen Zweierbeziehung wie des Verhältnisses von Frauen und Männern in toto läuft tendenziell jedoch auf eine Einebnung der Unterschiede in den Bereichen Bildung und Beruf hinaus. Sie läuft in unbefriedigendem Tempo, immerhin aber, zumindest auf der Nordhalbkugel, in die richtige Richtung. Diese Konvergenz ist mit großem Ernst und höchster Energie fortzuführen. Wenn Frauen und Männer dann irgendwann allesamt beides können, aber nur die eine Hälfte davon ausführen – je nach Geschlecht Familie oder Beruf, je nach Geschlecht Sekretär(in) oder Kanalarbeiter(in) –, wären die Menschen endgültig als bescheuert zu bezeichnen. Sind sie aber vielleicht nicht. Allerdings: Erst die fortgeführte Konvergenz der Bildungs-, Berufs- und letztlich Lebenswelten schafft die Ausgangslage, «Partnerschaft» neu zu definieren.

Männer haben gewaltigen Nachholbedarf, Frauen auch. Männer müssen ihren emotionalen und familiären Innenradius massiv entwickeln, aufbauend auf einem gänzlich veränderten, eigenen Körpergefühl und -bewusstsein; Frauen müssen den aktiven Umgang mit ihrer Person, den Einsatz ihrer Körperlichkeit, also ihren sozialen und beruflichen Außenradius, massiv entwickeln. Dieser parallele Veränderungsprozess, der die Karten in der Aufgabenverteilung und -vielfalt unter den Geschlechtern neu mischt, bereichert vor allem optional. Bisexistische Denk- und Handlungsweisen werden ersetzbar durch den gesellschaftlich vereinbarten Einsatz von Individuen gänzlich nach Können, Ausbildung, Veranlagung, Eignung, Talent und Leistung, *nicht* nach Geschlecht. Ein hartes Los, gewiss. Das härteste Los aber: Es gibt dann tatsächlich *keine* gonosomal bestimmten Schutzräume, Stammplätze und Terrainreservierungen mehr.

3. Hilfe und Förderung, aus alten Rollenfixierungen und zwängen auszubrechen, darf nicht weiter ausschließlich Frauen zugute kommen, sondern auch Männern!

Frauen, die sich alter Rollenmuster entledigen wollten, erfreuten sich in den vergangenen dreißig Jahren stets größer werdender Zuwendung, um nicht gleich zu sagen – Zuwendungen: Emotional stand ihnen latent mehr als die halbe Gesellschaft bei, psychisch-strategisch die findigsten wissenschaftlichen Köpfe in Wissenschaft und Forschung, die Medien standen mit Aufmerksamkeit, steter Problematisierung und notfalls Beifall bereit, und der Staat und die Gewerkschaften und die Kirchen und viele andere Institutionen und freie Träger schoben und schieben zur Umsetzung der Forderungen die Kohle rüber.

Klartext: Viele *Männer* in all diesen Institutionen schieben die Kohle rüber. Männer hingegen, die selbst alten Rollenmustern entschlüpfen möchten, ernten Probleme. Ein Mann und Teilzeitarbeit? Die Familie wackelt mit den Köpfen, die Partnerin fühlt sich persönlich existenziell bedroht, die Kollegen sammeln für die Notaufnahme in die psychiatrische Privatklinik; der Arbeitgeber reagiert auf solches Ansinnen entweder mit anfallsartiger Taubheit oder unerbittlicher Aggression («Seien Sie doch froh, dass Sie so 'n Job haben. Draußen stehen noch 'n paar rum, die ganz geil auf Ihren Ganztagsposten sind!»); die Kirche sammelt für «Brot für die Welt» oder ein neues Frauenhaus in Hoyerswerda und ist mit anderem befasst als irgendwelchen armen, zudem männlichen Würstchen; die kritische Presse riecht den opportun-maskulinen Ego-Trip, was sonst, und der «patriarchale» Staat denkt weder im Wachstadium noch im Traum daran, Ausbruchsversuche aus dem Käfig männlicher Rollenzementierung samt seinen unheilvollen Zwangsvorstellungen mit finanziellen Anreizen auszustatten.

Lassen Sie uns entspannt herumschauen. Was gibt's denn so? Ein Modellprojekt für Teilzeitmänner? Eine Entrümpelung alter Rollenbilder von Männern und Jungen in den Schulbüchern der Nation? Neue Initiativen im Berufsbildungswesen: Männliche Jugendliche mal rauslocken aus technischen, mechanistischen oder elektronischen Tätigkeitsfeldern? Eine Kampagne, die wirbt für ein anderes Lebensbild von Jungs von Geburt an – soll heißen: Bei Erscheinen des Zipfelträgers nicht auf den zukünftigen Leithammel, Stammhalter, Häuptling oder Firmenchef anstoßen, sondern auf den zukünftig wundervollen Vollzeitvater oder auch nur auf ein einfaches geschätztes Familienmitglied mit allen Rechten und Pflichten, aber ohne Sonderpflichten? Einrichtung eines Sonderfonds namens «Mann mit Familie» oder «Mann mit Kind» – Motto: Statt sozialer Anerkennung durch zehntausend Überstunden lieber gesellschaftliche Wertschätzung der Tatsache, zwei Kinder qualifiziert, also mit ausreichend Zeit, ins Leben begleitet zu haben? Auflegen eines Programms für Familien-Hooligans, Jung-Rabauken und verzweifelt «männlich» auftretende Alain-Delon-Verschnitte in der Vorstadt-Jugend mit dem Titel «Männlichen arbeitslosen Jugendlichen neuen Selbstwert, ein anderes männliches Selbstbild und alternative Lebensperspektiven aufzeigen»?

Es gäbe viel zu tun, viel anzuregen, viel zu unterstützen. Aber es packt niemand an. Männer haben keine Lobby. Männer sind nichts wert. Erst aber, wenn der Ausstieg aus der männlichen Rollenfixierung allgemein erwünschte, damit motivisch, ideell und finanziell geförderte Politik wird, kommt wieder mehr Balance ins Geschlechterverhältnis.
Eine Männerbewegung muss sich daher ohne Umschweife trauen, Artikel 3, Absatz 2 und 3 des Grundgesetzes als den Leidensdruck mindernde Imperative an die Adresse *beider* Geschlechter zu sehen, als einen Grundrechtsanspruch auf Änderung der Realitäten auch zugunsten der männlichen Menschen. «Männer und Frauen sind gleichberechtigt. Der

Staat fördert die tatsächliche Durchsetzung der Gleichberechtigung von Frauen und Männern und wirkt auf die Beseitigung bestehender Nachteile hin», sagt Artikel 3, Absatz 2 dieses Grundgesetzes. Männer müssen sich angesprochen fühlen nicht nur als *Rechteinräumende*, sondern als ebenfalls zu *Begünstigende*, als mit Recht Auszustattende! Zur Erinnerung: «Niemand darf wegen seines Geschlechtes … benachteiligt oder bevorzugt werden», sagt Absatz 3 desselben Artikels. Männer müssen sich angesprochen fühlen nicht stets als *Bevorzugte*, sondern auch als *Benachteiligte*!

Dazu müssen Frauen herunter von den Podesten, auf die sie gestellt wurden in langer Tradition, und von jenen, auf die sie sich selbst gestellt haben – mit eher kurzer Tradition, dafür umso heftiger inszenierter Selbstverständlichkeit. Frauen müssen runter vom Denkmalssockel mit der Inschrift: «Wir verneigen uns vor dem Opfer».

Phan Thi Kim Phuc ist Vietnamesin, geboren 1963. Das Foto von ihr wurde weltberühmt: Es zeigt sie als eines der vielen tausend Opfer eines Napalm-Bombenangriffs der amerikanischen Streitkräfte im Vietnam-Krieg. Phan Thi Kim Phuc läuft vor Schmerz lauthals schreiend und gänzlich nackt auf die Kameras der Journalisten zu – Männer allesamt. Nick Ut drückt auf den Auslöser an diesem 8. Mai 1972. Das Foto der vom Krieg und ideologischem Wahn eingeholten Kinder half entscheidend mit, den Krieg in Südostasien zu brandmarken. Die schweren Brandmale auf ihrer Haut trägt Phan Thi Kim Phuc heute beinahe mit Stolz. Ohne Hass sei sie inzwischen, sagt sie, als «Unesco-Botschafterin des guten Willens» reist sie heute mit pazifistischer Botschaft durch die Welt [146]. Die schreiende Neunjährige repräsentierte – und tut es weiter – das Opfer an sich: weiblich, nackt, Kind. In dieser Reihenfolge. Zu sehen ist der Mensch, männlicher Kriegs- und Zerstörungslust ausgeliefert. Aber blicken wir genauer auf das Pulitzerpreis-Foto.

Es sind fünf Kinder darauf zu sehen und vier Soldaten auf einer geteerten Straße. Kim Phuc ist als Einzige vollkommen nackt. Vorne links läuft ein vielleicht elfjähriges Kind, den gleichen Schmerz im Gesicht, aber es hat leider das falsche Geschlecht und zu allem Überfluss auch noch ein paar Fetzen Kleider an. Das Mädchen Kim Phuc kann die Phantasien weltweit viel besser bedienen, es mobilisiert viel nachhaltiger die Entrüstung der globalen Öffentlichkeit. Kim Phuk passt zum Moralempfinden der Welt: Männliche Menschen machen Krieg, kleine Mädchen baden es aus.

Schauen wir woandershin. John Plummer, der amerikanische Offizier der US Air Force, der ebendiesen Napalm-Angriff auf das kleine Dorf nahe Saigon damals befohlen hat, ist – nehmen wir das Urteil vorweg: ein Schwein, ein Unmensch, ein Militär, ein Mann eben. Mit der Publizierung des dokumentarischen Fotoklassikers von Ut begann sein langsames, leises, persönliches Drama. Er verfiel dem Alkohol zusehends, verließ die Armee, war für Jahre seelisch-emotional höchst instabil und ergriff schließlich, ein Strohhalm, den Beruf des Pfarrers. Über ihn, das Rädchen in der militärischen Befehlshierarchie, lohnte nie ein Bericht, lohnte nie eine Reportage; es lohnte übrigens auch nie, den elfjährigen Jungen auf dem Bild ausfindig zu machen, ihn zu befragen, seinen Schmerz in Worte oder Bilder zu fassen, sein fundamental geschädigtes Lebensgefühl darzustellen oder ihn gar zum «Goodwill-Botschafter» zu machen.

Das Foto und seine Wirkung, das psychoemotionale Geflecht seiner Geschichte und Bewertung, seine Symbolkraft für Krieg und Kriegskritik an sich sind auch für das Thema dieses Buches eine Art Parabel. Das Opfer ist dies nicht ausschließlich: Der Täter darf nicht ausschließlich über seine Tat, sondern muss auch über deren Hintergründe und Zustandekommen definiert werden. Opfer und Täter ist, wer als solches oder als solcher wahrgenommen wird und sich in der Mentalität der Menschen etabliert. Ist eine solche Codierung gelungen, weg vom Individuum hin zur Generalisierung qua Geschlecht, fordert sie als Preis für Kontinuität die Standardisierung des Sehens, eine Konzentration aufs Detail, abstrahierend vom Gesamten. Dieser Prozess der schnellen, eingeübten Selektivwahrnehmung mag in vielen Fällen nützlich wirken und Sinn machen – in der Betrachtung des Geschlechterverhältnisses erweist er sich als untauglich, weil simplifizierend, also gefährlich. Männer bilden die weit überwiegende Gruppe der Kriminalitätsopfer, sie bilden die weit überwiegende Gruppe der Opfer staatlicher Gewalt – in Friedens- wie in Kriegszeiten –, sie bilden das Gros der Opfer von lebensfeindlichen oder lebensgefährdenden Berufen rund um den Globus, auch aufgrund mangelhaften, eingesparten Arbeitsschutzes. Und was fordern die «Frauen für eine andere Politik» [147] in ihrer «Selbstverpflichtung»? Das: «Ich setze mich ... gegen jegliche Form von Gewalt gegen Frauen, Mädchen und Jungen ein ... Alle Menschen haben ein Recht auf körperliche und seelische Unversehrtheit.» *Alle* haben es. Männer nicht.

Frauen reiten seit dreißig Jahren das hohe moralische Ross. Sie tun es mit zunehmender Begeisterung. Das ist durchaus als Aggression zu werten. Dabei sollten sich die «besseren» Menschen dringlichst ihrer eigenen Aggressions- und Gewaltanteile annehmen. Auch wenn diese viel weniger gesehen und in der Folge auch weniger beklagt werden. Ob in Familie und Mutterschaft, ob in der «modernen», kinderlosen Zweierbeziehung, ob in Bildung, Beruf und Karriere – die permanente weibliche Selbstbescheinigung der Machtferne oder Machtabstinenz kann als Selfmade-Persilschein nur noch Lacherfolge auslösen.

In der Verknüpfung konventionell-tradierter mit zeitgenössisch-feministisch verbrämter weiblicher Finesse kommt die englische Autorin Nancy Winters zumindest indirekt an dieses Themenfeld heran. Zur sehr weiblichen Trias Machtanspruch, Kontrolle und Opportunität serviert sie ein Buch mit pädagogischem Anspruch. Es trägt den Titel «Wie erziehe ich einen Mann?». Auf dem Titel der deutschen Ausgabe[148] sieht man nur die Darstellung vieler kleiner Knochen. So kommt der Gedanke schnell auf den Hund. Eine wundervolle Assoziation: Der Mann als Hundchen, doof genug, zu apportieren und sich mit dieser Transportleistung als Herrscher der Welt zu fühlen. Ein schönes Buch zur Frau, die erzieht: ihr Machtanspruch – klassisch verdeckt, ja versteckt. Ihre Opportunität – ganz unverhüllt. Ihre Lust an der Kontrolle – amüsant verpackt in einem «Ratgeber für Frauen». «Ist Ihr Mann schwer zu kontrollieren? Wildert er gerne in fremden Revieren? Ist er unordentlich? Dominiert er eine Unterhaltung? Die Lösung ist ganz einfach: Erziehen Sie ihn (er weiß, dass er es braucht!). Ein gut erzogener Mann ist ein glücklicher Mann. Er liest Ihnen jeden Wunsch von den Augen ab und – je nach Geschmack – liegt Ihnen zu Füßen oder trägt Sie auf Händen, ohne darunter zu leiden.»

Au wie fein: das «Spiel» funktioniert. Hundchen gehorcht und apportiert, «ohne darunter zu leiden». Überdurchschnittlich leistungsfähig und wunscherfüllungswillig soll es sein, ohne zu bemerken, dass es damit die zweitbesten Karten bekommt. Selbst austeilen darf es die sowieso nicht. Und damit es alles das, was es tun soll, mit einem dauerhaft schlechten Gewissen tut, ist in der Darstellung der Verhältnisse frau auf alle Fälle das Opfer.

Dreißig Jahre Frauenbewegung beschreiben durchaus eine fulminante Erfolgsgeschichte. Das Frauenleben auf der Nordhalbkugel hat in vielen Bereichen lebensqualitative Gewinne eingefahren. Aber das Geschlechterverhältnis?

Es ist nicht nur so, dass es zwei stark divergierende Emanzipationstempi gibt – sofern bei dem fest im Rollenkäfig agierenden Mann überhaupt von einem «Tempo» in Sachen Entgrenzung und Befreiung die Rede sein darf. Grob erschwerend kommt hinzu, dass Frau sich erhoben hat qua automatismusgleicher Diskriminierung alles irgendwie «Männlichen». Männer, eingeschüchtert, ohne es zuzugeben, mundtot gemacht, ohne es zu erkennen, erschöpfen sich seitdem in einem selbst erniedrigenden Business-as-usual und tragen auch geduldig alle Risiken und Nebenwirkungen dieses Verhaltens. Das allerschlimmste ist, dass Männern das vor allem sie selbst zerstörende Potential dieses «Patriarchats» in Gänsefüßchen nahe gebracht werden muss.

Bei der Befreiung vom scheinbaren Patriarchat, auch dies muss klargemacht werden, *helfen keine Frauen*. Die befreien – so überhaupt möglich im unfreien Gesamtkontext – ausschließlich sich selbst, aufbauend auf einäugiger Wahrnehmung von Unfreiheit. Männer müssen ihre Selbstbefreiung und -entgrenzung schon selbst organisieren. Die nimmt ihnen niemand ab. Dazu ist es unerlässlich, die nackten Fakten der eigenen Lage erkennen zu wollen und hernach in ureigener Sache das Wort zu ergreifen. Einzelne Männer, vereinzelte Männergruppen gaben innerhalb des letzten Vierteljahrhunderts vielerlei Zeichen ab. Die Mehrheitsmänner, bekannterweise schweigend, lugten verhuscht nach positiver gesellschaftlicher Reaktion. Es kam keine. Es kam überhaupt keine. Die bewegte Frau ignorierte die kleinen Zeichen. Oder drehte sie, bösartig interpretierend, um. «Softie», «Waschlappen», «Schlappschwanz» oder «Schwanzeinzieher» hätten doch in Zeiten allgemein als ekelerregend geschilderter Phallokratie, also der dauererigierten Männlichkeit in Politik, Wirtschaft, Medien, Kultur und Sport und nicht zuletzt in der Familie, Worte der Liebkosung sein können. Waren sie aber nicht. Erinnern die Männer heute, inzwischen aus anderem Holze, über juristische oder politische Hebel an die Existenz ihrer Interessen, ist ihnen die weiterhin automatenhafte Missachtung oder Missdeutung durch die Frauenbewegung hundertprozentig sicher. Sie zeigt sich weiterhin als garstig Gestikulierende, die es mit verbundenen Augen besser wissen möchte. Auf diese Weise sind selbstverständlich potentielle Bündnispartner zur Revolution der Geschlechterrollen nicht zu sehen.

Mann soll es endlich nicht weiter der Frau Recht machen wollen. Mann soll es endlich sich *selbst* menschen- und vernunftgemäß einrichten. Frauen erreichten ihre «Insel der Großen Mutter» häufig nur über die «patriarchale» Selbstverleugnung des Mannes. Etwa bei der Selbstvernichtung, besser: Selbstertränkung der Männer bei der Schiffskatastrophe, die Gerhart Hauptmann seinem Wunder von «Île des Dames» vorausschickt[149]. Um sich menschengemäß zu ändern, zu verbessern, ist es nötig, dass Mann seine Lage als grob defizitär erkennt, eigene Wünsche, Vorstellungen und neu zu erwerbende Rechte wesentlich klarer und lauter äußert. Das ist kein männlicher Ego-Trip, das ist schlichte Notwendigkeit. Auch, um eine der fatal fehlgeleiteten Aggressionen aus der Kernbegeisterung des Feminismus zu beantworten: die massive Verächtlichmachung eines gesamten Geschlechts.

Die neu zu initiierende und transnational neu zu definierende Männerbewegung muss sich hüten, in irgendeiner Weise revanchistisch zu argumentieren. Eine Männerbewegung als nötiges Korrektiv für drei Jahrzehnte Frauenbewegung muss münden in eine gesamtgesellschaftliche Kraft zur Befreiung aller präfixierter Geschlechterrollen. Die Imperative für die direkte Zukunft: Männer sollten weniger tun und schaffen (Arbeit, Karriere) und mehr reden (über sich, ihre Wünsche, Träume, Sehnsüchte, Schmerzen, Forderungen, ihre Freiheit); Frauen sollten mehr tun (Einfluss, öffentliche Mitwirkung und Mitverantwortung übernehmen in *jeder* Niveaustufe gesellschaftlicher Arbeit) und – weniger reden.

Eine stattliche Zahl von Männern hat so genannte «Frauenbücher» gelesen im letzten Vierteljahrhundert. Aus Verzweiflung, aus Neugierde, aus Interesse. Wie viele frauenbewegte Frauen lesen ein unbequemes Buch über das scheinbare Patriarchat und ihre ureigenen Gewinne in diesem System? Wir werden sehen. Jedenfalls verlieren «Frauenbücher» ganz dramatisch an erhellender Qualität. Es werde

Licht? Nee, es bleibe trüb, bis auf ein paar helle Spots auf die akuten Auas der weiblichen Mehrheit in der Gesellschaft. Das ist zu dürftig. Männer müssen sich um Licht in den dunklen Ecken kümmern.

Grau, teure Freundin, ist alle Theorie. Auch die feministische. Stets entdeckt sie neues Unrecht, entwirft sie kühne Kompensation. Seit geraumer Zeit fordert sie unmissverständlich, Gott auch als Frau zu sehen. Oder ausschließlich als Frau, sei sie doch letztlich «lebensspendend». Das beeindruckt nicht. Erst wenn der Feminismus fordert, dass auch der Beelzebub eine Frau sein müsse, wird die Frauenbewegung wieder interessant. In der Zwischenzeit sorgen – hoffentlich – mal wieder Männer für die interessanten Kapitel im Buch der Geschlechter.

Anmerkungen

1 Carol Hagemann-White: «Sozialisation: Weiblich – männlich», Opladen, 1984, S. 94.

2 Ursula Scheu: «Wir werden nicht als Mädchen geboren – wir werden dazu gemacht», Frankfurt am Main 1977, S. 9.

3 Brehmer u. a. (Hg.): «Sexismus in der Schule», Weinheim 1982, S. 275.

4 DARMSTÄDTER ECHO (DE): «Die Eroberung des Männerklosters Forschung», Ausgabe vom 22. 6. 1996.

5 Cheryl Benard, Edit Schlaffer: «Der Mann auf der Straße», Hamburg 1980, S. 23.

6 Maria Spitthöver: «Frauen im öffentlichen (Frei-)Raum», in: «Alltag in der Stadt – Aus der Sicht von Frauen», Darmstadt 1991, S. 33.

7 Dto., S. 5.

8 Aus: «Der enträtselte Mann», Beilage der PETRA, 17. 5. 1997, S. 40.

9 Die Bundesvorsitzende der SPD-Arbeitsgemeinschaft sozialdemokratischer Frauen (ASF) Karin Junker, VORWÄRTS, 7 / 1996.

10 dpa-Korrespondent David Briscoe, Washington, in: DE, 14. 2. 1997.

11 Susanne Mayer in: DIE ZEIT, Titelgeschichte, 36 / 1995: «Frauen: stellt die Männerfrage!»

12 Christina von Braun: «Nicht-Ich, Ich nicht», Frankfurt am Main 1985, S. 281.

13 Karin Garde, Frauenbeauftragte des Staatlichen Schulamtes Bergstraße, zit. aus DE, 28. 10. 1995.

14 von Braun, a. a. O., S. 237.

15 Ebd., S. 33.

16 Barbara Sichtermann: «Wer ist wie?», Berlin, 1989, S. 100.

17 Senta Trömel-Plötz: «Gewalt der Sprache: Die Vergewaltigung von Frauen in Gesprächen», Frankfurt am Main 1984, S. 16.

18 Luise Pusch: «Das Deutsche als Männersprache», Frankfurt am Main 1984, S. 11.

19 Marianne Wex: «Weibliche und männliche Körpersprache», Frankfurt am Main 1980, S. 6 und 43.

20 Pusch, a. a. O., S. 80.

21 Titel der Mädchenzeitung GÖRLS, Darmstadt, Nr. 1/1996.

22 Margarete Mitscherlich: «Die friedfertige Frau», Frankfurt am Main 1985, S. 159 f.

23 Spitthöver, a. a. O., S. 12.

24 «Mädchen sind lieber zu Hause, Jungen auf dem Bolzplatz», DE, 27. 1. 1996, S. 15.

25 Ruth Köppen: «Die Armut ist weiblich», Berlin, o. J.

26 Jahresbericht des Diakonischen Werkes Darmstadt-Dieburg, 1998, S. 4–7.

27 Dieter Prokop in: JOURNAL FRANKFURT, 22/1995, S. 33 ff.

28 Mai 1996.

29 Anja Meulenbelt, zit. in Günter Schreiner: «Ist die Zukunft weiblich?», DIE ZEIT, 25. 7. 1986, S. 39.

30 Gaillot, zit. aus «Gott steht jenseits unserer Kategorien» von Norbert Zielke, DE, 26. 4. 1997.

31 Schreiner, a. a. O.

32 von Braun, a. a. O., S. 105. Braun zitiert Rudolf zur Lippe.

33 Sara Ruddick: «Mütterliches Denken – Für eine Politik der Gewaltlosigkeit», Frankfurt am Main 1993.

34 Helmut Kohl, zit. aus Mitscherlich, a. a. O., S. 4. Das Zitat stammt aus den frühen achtziger Jahren.

35 Rolf Zundel: «Verlorene Hoffnung auf die Männer», in DIE ZEIT, 3. 6. 1988, S. 74.

36 Jungk und Schwarzer zit. aus: «Wir sind nicht die besseren Menschen. Ein Gespräch mit Alice Schwarzer» in DIE ZEIT, 23. 1. 1987, S. 64.

37 Das Interview mit Annette Winkler führte Gudrun Aßmann. Aus DE, 21. 3. 1992.

38 dpa-Bericht, aus DE, 22. 1. 1997.

39 Der GUARDIAN, aus DE, 28. 8. 1997.

40 Interview in DIE ZEIT, a. a. O., 1987.

41 Titel eines ap-Berichtes, DE, 6. 5. 1996.

42 Ebd. Ein Kriminalbeamter aus Palermo: «Wir haben herausgefunden, dass einige Frauen den Platz ihrer verhafteten Männer eingenommen haben, deren Geschäfte leiten und alles dirigieren.»

43 Mitscherlich, a. a. O., S. VII.

44 Ebd.

45 Brownmiller-Zitat in PSYCHOLOGIE HEUTE, 8/1993, S. 79.

46 Warren Farrell: «Mythos Männermacht», Frankfurt am Main 1995, S. 166.

47 Stefan Storz: «Das Ende der Zärtlichkeit». Zur Mannwerdung bei Naturvölkern, aus SPIEGEL-Spezial: «Der deutsche Mann», 7/1997, S. 132.

48 Vgl. zu den genannten Zahlen Farrell, a. a. O., S. 177.

49 Aus «Sex, Suff und Safari», STERN, 8. 7. 1999, S. 54.

50 Thomas Maier, dpa Washington, DE, 10. 6. 1997.

51 Vgl. «Das brutale Diktat der Älteren» von Jan Sievers, DE, 5. 6. 1997.

52 Ebd.

53 Z. B. DE, 1. 7. 1997, Titel.

54 JOURNAL FÜR DIE FRAU, 21/1996.

55 Constanze Kleis argumentierte regelmäßig im JOURNAL FRANKFURT, hier Auszüge aus 21/1995.

56 Farrell, a. a. O., S. 48 f.

57 Ebd., S. 53.

58 Zur Bundestagswahl in Deutschland am 27. September 1998 gab es 60,5 Mio. Stimmberechtigte: 31,8 Mio. Frauen, 28,8 Mio. Männer – ein Frauenüberhang bei den Stimmberechtigten von 3 Mio.

59 Resultate von Umfragen verweisen seit den achtziger Jahren auf den Umstand, dass ein großes Quantum Männer sehr gerne Erziehungsurlaub machen und bei den Kindern bleiben würde.

60 Zahlen aus dem August 1997.

61 Aus Dr. Janik-Pressedienst, 7/1997.

62 Farrell, a. a. O., S. 143.

63 Ebd. S. 145.

64 Aus «Momo», Stuttgart 1973, S. 35.

65 DE, 27. 9. 1997.

66 Farrell, a. a. O., S. 131.

67 Vgl. Katalog zur «Titanic»-Ausstellung in Hamburg 1997/1998, Düsseldorf, 1997, S. 42.

68 Statistisches Bundesamt, Wiesbaden. Zahlen aus 1998.

69 dpa-Meldung, Januar 1998. BRD-Lebenserwartung **West:** Frauen 79,7 J., Männer 73,4 J. **Ost:** Frauen 77,8, J., Männer 70,3 J.

70 So bestätigen es jüngste Zahlen der «Bundesarbeitsgemeinschaft Wohnungslose e. V.» in Sachen «Plattemachen».

71 Nr. 6, 1997.

72 Farrell, a. a. O., S. 259.

73 Alle Zahlen aus Farrell, S. 264 ff.

74 DE, 3. 2. 1998.

75 Daten aus Farrell, S. 298 ff.

76 Gutes Beispiel: STERN-Reportage «Gefangen in der Gewalt», 12/1997.

77 ZEIT-Magazin, 1/1997.

78 Der deutsche Schauspieler Raimund Harmstorf – stets Synonym für potente Männlichkeit – beging Suizid im Mai 1998. Vgl. die weitere Argumentation in diesem Kapitel.

79 Rowohlt-Revue, 1997.

80 Farrell, S. 40 f.

81 TIME, 22. 12. 1997.

82 DE, 9. 7. 1997.

83 DE, 24. 4. 1997.

84 Z. B. 1995 in Berlin.

85 DE, 11. 1. 1996.

86 Gesehen in DE, 6. 11. 1996.

87 DE, 19. 10. 1995.

88 DE, 4. 8. 1995.

89 DE, 1. 10. 1997.

90 Vgl. DE, 1. 9. 1997.

91 Wolf Schneider in GEO, 12 / 1997, S. 169.

92 Hier zit. aus DE, 23. 12. 1996.

93 Nr. 19 / 1996.

94 Die folgenden Zitate aus JOURNAL FRANKFURT, 8 / 1996.

95 Vgl. Farrell, S. 56 f.

96 Bsp. FUNK-UHR, 32 / 1997, S. 70 ff.

97 DE, 15. 7. 1997.

98 DE, 29. 7. 1997.

99 Beispielhaft: Bildungsangebot des Männerbüros der Evangelischen Kirche Hessen-Nassau.

100 Farrell, S. 45.

101 Aus einem Gespräch der beiden, zit. aus ZEIT-Magazin, 10 / 1998.

102 Aus Kathy Lette: «Mein Bett gehört mir», 1996.

103 Farrell, S. 44. Aus AMERICAN DEMOGRAPHIC, 1 / 1992, S. 38. Ein Beitrag zur Statistik von Diane Crispell, also: einer Frau.

104 Beispielhaft die Umfragen im DE, 6. 10. 1997 und 27. 1. 1998.

105 Vgl. SPIEGEL, 47 / 1997, S. 96.

106 Ebd., S. 98.

107 Typische Formulierung, hier aus DE, 25. 10. 1997.

108 SPIEGEL, 47 / 1997, S. 93.

109 BILD, vom 7. 8. 1997.

110 SPIEGEL, 47 / 1997, S. 106.

111 Vgl. ZEIT-Magazin, 10 / 1998.

112 Zit. aus DE, 5. 7. 1997.

113 Sämtliche Zahlenangaben aus: JOURNAL FRANKFURT: «Ware Lust. Preise, Praktiken, Profite», 24/1995.

114 Die Konstanzer Sprachwissenschaftlerin Luise Pusch, zit. aus SPIEGEL 5/1998, S. 201.

115 Alle Zit. und Zentimeterangaben aus SPIEGEL, 36/1997, S. 129 ff.

116 Alle Zit. aus «Der Prinz und sein Luxusharem», STERN, 22. 10. 1997, S. 127 ff.

117 Monika Goletzka in DIE ZEIT, 10/1987, S. 55.

118 STERN, vom 4. 12. 1997.

119 Reportage darüber in DE, 8. 11. 1997, Magazin. Alle folgenden Zit. hieraus.

120 Aus PSYCHOLOGIE HEUTE, 8/1993, S. 28 ff.

121 Tageszeitungsbeilage «rtv» vom 7. 6. 1997, S. 19.

122 PETRA, März 1998, S. 115 ff.

123 PSYCHOLOGIE HEUTE, 5/1996, S. 20.

124 Aus dem SPIEGEL, 52/1996, S. 72.

125 Antwort auf die Frage: 89 Tage dauert es, bis eine Samenzelle voll ausgereift ist.

126 So der Titel eines Vortrages in Darmstadt, August 1998.

127 Nach Angaben der Deutschen Krebshilfe, Bonn, aus dem Oktober 1998.

128 Zitat Professor Weißbach, Chefarzt der Urologie in Berlin aus: Info zur «Europawoche gegen den Krebs 1998» der Deutschen Krebshilfe.

129 Beispiel aus SPIEGEL-Spezial: «Der deutsche Mann», 7/1997, S. 128.

130 ÄRZTLICHE PRAXIS, 50/1998, zit. aus DAK-Magazin 9/1998, S. 5.

131 Zit. aus TIME, 15. 9. 1997.

132 PSYCHOLOGIE HEUTE, 5/1996, S. 27.

133 Bsp. Constanze Kleis in JOURNAL FRANKFURT, 25/1997.

134 Nach einer Entscheidung des Europäischen Gerichtshofes vom

11. Januar 2000 verstößt Artikel 12a, Absatz 4 GG gegen die EU-Richtlinie zur beruflichen Gleichstellung von Mann und Frau. Damit kann nun die Elektrotechnikerin Tanja Kreil, die die Klage angestrengt hatte, freiwillig den Dienst an der Waffe in der Bundeswehr leisten. Eine grundsätzliche Reform der Wehrpflicht in Deutschland steht allerdings weiterhin aus.

135 PSYCHOLOGIE HEUTE, 8/1993, S. 34.

136 So Antje Schwarz in ihrem ap-Gerichtsbericht, zit. aus DE, 29. 11. 1997.

137 Alle Zit.: Bericht zum Urteil in DE, 18. 12. 1997.

138 Angebot der Dekanatsstelle Groß-Gerau, Südhessen. Projekt aus 1996.

139 Zit. aus SÜDDEUTSCHE ZEITUNG MAGAZIN, 23. 7. 1999, S. 13.

140 Kein Witz, keine Erfindung; pure Realität aus einer Sendung des Hessischen Rundfunks, 16. 4. 1997.

141 Aus der Rezension einer Lesung von Theweleit, DE, 6. 11. 1995.

142 DE, 23. 1. 1998.

143 Gervinus, zit. aus Elisabeth Beck-Gernsheim: «Das halbierte Leben», 1980, S. 66.

144 Die «Selbstverpflichtungserklärung für einen neuen Gesellschaftsvertrag» stammt aus dem Frühjahr 1998. Den Aufruf unterschrieben zunächst viele populäre Frauen und Frauenrechtlerinnen.

145 Aus der Produktionsserie 1997/98.

146 TIME, 17. 11. 1997, S. 25 und STERN, 14/1997, S. 178.

147 Punkt 6 der Erklärung, a. a. O.

148 Köln 1998.

149 Hauptmanns «Die Insel der Großen Mutter» erschien im Original im Jahre 1924.

Auswahlbibliographie

Amendt, Gerhard: «Wie Mütter ihre Söhne sehen», Frankfurt am Main (Ffm) 1994.

Akashe-Böhme, Farideh: «Frausein – Fremdsein», Ffm 1993.

Dies.: «Von der Auffälligkeit des Leibes», Reihe «Gender Studies», Ffm, 1985.

Beck-Gernsheim, Elisabeth: «Das halbierte Leben. Männerwelt Beruf, Frauenwelt Familie», Ffm, 1980.

Benard, Cheryl und Edit Schlaffer: «Der Mann auf der Straße. Über das merkwürdige Verhalten von Männern in ganz alltäglichen Situationen«, Hamburg, 1980.

Brandes, Holger: «Ein schwacher Mann kriegt keine Frau. Männer unter sich. Therapeutische Männergruppen und die Psychologie des Mannes«, Münster 1992.

von Braun, Christina: «Nicht Ich, Ich Nicht. Logik, Lüge, Libido», Ffm, 1985.

Farrell, Warren: «Mythos Männermacht», Ffm 1993.

Faulstich-Wieland, Hannelore: «Geschlecht und Beziehung. Grundlagen des pädagogischen Umgangs mit Mädchen und Jungen«, Darmstadt, 1995.

Frings, Matthias (Hrsg.): «Fleisch und Blut. Über Pornographie», Hamburg, 1988.

Gilmore, David: «Mythos Mann. Wie Männer gemacht werden. Rollen, Rituale, Leitbilder», München 1993.

Hagemann-White, Carol: «Sozialisation: Weiblich – männlich?», Opladen, 1984.

Hauptmann, Gerhart: «Die Insel der Großen Mutter. Das Wunder von Île des Dames», Ffm, 1994.

Hofstadler, Beate und Ulrike Körbitz: «Stielaugen und scheue Blicke. Psychoanalytische Erhebungen zum Verhältnis von Frauen zu Pornographie», Ffm, 1996.

McCorduck, Pamela und Nancy Ramsey: «Die Zukunft der Frauen. Szenarien für das 21. Jahrhundert», Ffm, 1996.

Meulenbelt, Anja: «Scheidelinie. Über Sexismus, Rassismus und Klassismus», Hamburg, 1988.

Dies.: «Die Gewöhnung ans alltägliche Glück», Hamburg, 1989.

Keen, Sam: «Feuer im Bauch. Über das Mann-Sein», Bergisch Gladbach, 1992.

Marone, Nicky: «Gute Väter, selbstbewußte Töchter. Die Bedeutung des Vaters für die Erziehung», Ffm, 1995.

Matussek, Matthias: «Die vaterlose Gesellschaft. Überfällige Anmerkungen zum Geschlechterkampf», Reinbek, 1998.

Mitscherlich, Margarete: «Die friedfertige Frau», Ffm, 1985.

Pusch, Luise F.: «Das Deutsche als Männersprache», Ffm, 1984.

Scheu, Ursula: «Wir werden nicht als Mädchen geboren – wir werden dazu gemacht», Ffm, 1977.

Segal, Lynne: «Ist die Zukunft weiblich?», Ffm, 1989.

Selg, Hubert: «Pornographie. Psychologische Beiträge zur Wirkungsforschung», Bern, 1986.

Stapelfeld, Hans und Erich Krichbaum (Hrsg): «Männer verändern sich. Wie Männergruppen Lebendigkeit entfalten», Bielefeld, 1995.

Stern, Felix: «Und wer befreit die Männer?», Berlin, 1991.

Thürmer-Rohr, Christina: «Vagabundinnen. Feministische Essays», Berlin, 1987.

Trömel-Plötz, Senta: «Gewalt durch Sprache. Die Vergewaltigung von Frauen in Gesprächen», Ffm, 1984.

Vilar, Esther: «Der dressierte Mann. Das polygame Geschlecht. Das Ende der Dressur», München, 1987.